Eli Jaxon-Bear · Lied der Freiheit

Eli Jaxon-Bear

Lied der Freiheit

Lüchow

Die Deutsche Bibliothek – CIP-Einheitsaufnahme

Jaxon-Bear, Eli:
Lied der Freiheit / Eli Jaxon-Bear. – 1. Aufl. – Freiburg i. Br.:
Lüchow, 1999
    ISBN 3-925898-79-4

1. Auflage 1999
© Copyright 1999 by Alf Lüchow Verlag, Freiburg i. Br.
Alle Rechte vorbehalten

Umschlaggestaltung: Designagentur Krafft, Bad Krozingen
Übersetzung der Satsangs: Padma Wolff
Konzeption und Bearbeitung: Veit Lindau, Berlin
Lektorat: Chandravali Schang, Lohmar
unter Mitwirkung von Tom Schulz
Korrektur: Werner Biedenkopf
Satz: Fotosetzerei G. Scheydecker, Freiburg i. Br.
Druck und Bindung: Freiburger Graphische Betriebe
Gedruckt in Deutschland
ISBN 3-925898-79-4

Vorwort

Dieses Buch kann in die Weisheitslehren des Advaita (Nondualismus) eingeordnet werden. Es ist aus Gesprächen, Seminaren und Vorträgen mit Eli Jaxon-Bear zusammengestellt worden. In den Antworten auf die Fragen vieler Wahrheitssuchender verbindet Eli seine profunden Erfahrungen aus der modernen, westlichen Psychologie mit der traditionellen Weisheit der »Stillen Tradition«. Die »Stille Tradition« wurde von einer Linie erleuchteter Lehrer weitergegeben, deren Ursprung wir in Indien finden. Die Essenz dieser Lehre beruht auf einem stillen Geist. So steht auch dieses Buch vor der paradoxen Herausforderung, mit Worten auf eine Wirklichkeit hinzudeuten, in die »Köpfe keinen Eintritt haben«. In allererster Linie ist dieses Buch also eine Einladung, mit dem Herzen zu lesen. Seit tausenden von Jahren deuten erleuchtete Menschen auf die Wirklichkeit hinter der uns bekannten Erscheinungswelt. Doch die Erfahrung des Erwachens, das Erkennen unserer wirklichen Quelle schien immer nur wenigen vorbehalten zu sein. Das Geschenk Eli Jaxon-Bears ist eine einfache, klare Botschaft, die sich an jeden Menschen richtet: »Wir leben in einer außergewöhnlichen Zeit. Egal wie schwierig es in der Vergangenheit war, das ureigene Selbst zu erkennen, *jetzt* ist deine Zeit. Unabhängig von deiner Herkunft, egal ob du ein heiliges Leben geführt hast oder nicht, es ist jetzt für dich möglich. Sei bereit, für einen Moment alles aus der Hand zu legen, was du zu wissen glaubst. Sei für einen Moment still. In diesem Moment ist ein Riss in Zeit und Raum. Es ist die Chance, die Antwort auf die Frage zu finden: Wer bin ich?

In diesem Buch werden Worte wie *Das*, der *Geliebte*, das *Selbst*, *Du* oder *Es* in Bezug auf die unermessliche, unbenennbare und ewige Gegenwart gebraucht, die manchmal auch Gott genannt wird. Auch Christus-Bewusstsein, Existenz und Bewusstsein sind Begriffe, die in den Sprachen der verschiedenen Kulturen und Subkulturen dafür verwendet werden.

Es gibt kein Rezept, dieses Buch zu lesen. Es kann von Anfang an gelesen werden, dann führt es den Leser sanft in das Erwachen. Doch auch das spontane Aufschlagen einer Seite kann eine überraschende Antwort auf eine aktuelle Frage offenbaren. Elis Worte sind vom Witz und von der Tiefe eines modernen, westlichen Zen-Meisters gekennzeichnet. Sie deuten auf die Wahrheit jenseits unserer Gedanken. Ohne lebendige Erfahrung belastet uns angelesenes Wissen mehr, als dass es zu unserer inneren Freiheit beiträgt. Ich kann Ihnen also nur empfehlen, sich beim Lesen dieses Buches Ihrem eigenen Herzen hinzugeben. In Momenten der Stille unseres Geistes werden Worte lebendig und vermitteln den Zugang zu direkter Erfahrung. Worte haben uns aus der Stille und dem Frieden weggeführt, Worte können uns auch wieder dahin zurückbringen.

In tiefer Stille,
Veit Lindau

Inhalt

Einleitung

Wie schreibt man eine Einleitung zu *Dem*, was nie einen Anfang hatte?

Wie erklärt man in Worten *Das*, was unser Verstand nicht fassen kann?

Es scheint wagemutig, in einer Zeit der Hektik und Kompliziertheit ein Buch herauszubringen, das von Stille und Einfachheit spricht.

Jeder Mensch hat Augenblicke erlebt, in denen ihn *Das* berührte, was eindeutig größer war als er selbst und die Summe seines Lebens.

Der Anblick eines neugeborenen Kindes,
die Farben eines Sonnenuntergangs,
die Klänge einer Symphonie,
eine tiefe Meditation
oder die Augen des Geliebten.

Ohne es auch nur annähernd erklären zu können, dehnt sich in solchen Augenblicken unser Bewusstsein über alle uns bekannten Grenzen hinweg aus. Vielleicht nur für eine Zehntelsekunde gibt es kein kleines Ich, keine Trennung, keine Angst. In dieser kurzen Zeit tauchen wir in ein tiefes Gefühl von Glück und Zuhausesein ein, das uns von allen Zweifeln und Leiden unseres Lebens befreit. Ein Moment tiefster Klarheit, der unser normales Leben wie einen Traum erscheinen lässt.

In diesen Augenblicken *wissen* wir – jenseits unserer Gedanken. Weit, weit jenseits der Fähigkeit unserer Worte ertönt in unserem Herzen dann das Lied der Freiheit.

Das Lied der Freiheit ist nicht für Auserwählte geschrieben worden, sondern für all jene, die bereit sind, es mit ihrem Herzen zu hören und darauf zu antworten.

Als ich Eli vor zwei Jahren zum ersten Mal begegnete, wusste ich nichts über Satsang. Das Thema »Erwachen« klang in meinen Ohren abgehoben und interessierte mich nicht sonderlich. Ich war ein idealistischer und ehrgeiziger Seminarleiter. Meine Arbeit befand sich auf angehender Erfolgsspur, ich genoss die Anerkennung, ich »wusste«, wo es langgeht.

Ich kam zu einem offenen Abend von Eli auf der Suche nach neuem Wissen, nach einer neuen Technik. Ich fand ... das Ende allen Wissens.

Ich kam, um meiner in sich so logischen Arbeit mit Menschen einen weiteren Puzzlestein hinzuzufügen. Stattdessen wurde mir mein ganzes Puzzle aus der Hand genommen.

Ich kam, um meinem Verstand eine weitere Theorie einzuverleiben, doch nach diesem Abend waren alle meine bisherigen Konzepte als Krücken enttarnt. In der Demut, dem Witz, der Weisheit und der tiefen Menschlichkeit dieses Lehrers erkannte ich zum ersten Mal mein Selbst. Ohne zu wissen, was Erwachen bedeutet, erwachte ich an diesem Abend. Ich erwachte aus einem tiefen Traum von scheinbarem Wissen und Sicherheit. Ich verlor die Arroganz meines Verstandes und gewann mein Herz. Auf eine frische, einfache Art wurde ich mit dem konfrontiert, was größer ist als jede Idee, jeder Name, jede Philosophie. Mir wurde das Geschenk zuteil, an den Rand all dessen zu kommen, was ich benennen kann, und hinabgestoßen zu werden.

Wenn ich sage, ich wurde hinabgestoßen in das Unbekannte, stimmt das nicht ganz. Ich erkannte, dass es mein eigenes Selbst war, das mich in der Form von Eli in die Leere und Fülle der Liebe rief. Mein eigenes Selbst sprach zu mir. Es stellte mir die einfache Frage: »Was willst du wirklich? Wenn du all deine vielen Wünsche gegen einen einzigen tauschen solltest, was wäre dein Wunsch?« Mein Herz wusste die Antwort sofort, es hatte sie schon immer in sich getragen. Es war, als hätte ich mein ganzes Leben lang nur auf diese Frage gewartet.

Die einfache Antwort meines Herzens hat innere und äußere Welten einstürzen lassen. All jene Welten, die nie der Erfüllung meines tiefsten Wunsches nach Frieden und Liebe gedient hatten.

Die einfache Antwort meines Herzens ließ mich sterben und neugeboren werden. Indem ich der Einladung Elis folgte, wurde ich immer tiefer bereit, all das Bekannte, all die unzähligen Kämpfe und Anstrengungen meines Lebens loszulassen, um das zu entdecken, was schon immer hier war, ist und immer sein wird.

Dieses Buch ist ein kleiner Ausdruck der Dankbarkeit, die mich für all das erfüllt, was mir das Leben seitdem geschenkt hat. Es gab nie eine Frage, dieses Buch zusammenzustellen. Ich möchte all den Menschen danken, die überall in der Welt so mutig sind, das »Lied der Freiheit« zu singen. Ich danke Andrea und Leona für ihre tiefe, grenzenlose Liebe, meinen Eltern für ihr wunderbares Geschenk dieses Lebens, Chandravali und Tom für ihre Sorgfalt und ihren Respekt, Alf für seine Geduld und Offenheit, Christine, Axel und Martina für ihr *Ja* der Hingabe.

Mein tiefster Dank gilt meinem Lehrer Eli, der durch sein *Sein* meine zweite Geburt einleitete. Inmitten der scheinbaren Turbulenz und der Kompliziertheit unserer Zeit wirken die Liebe und die Einfachheit immer wieder in Worten und menschlichen Formen, um an das Wesentliche zu erinnern.

Das Buch wurde zusammengetragen aus Vorträgen und Gesprächen mit Eli Jaxon-Bear. Gelesen mit dem Verstand sind die Worte in diesem Buch die Gedanken eines anderen Menschen. Vielleicht mag man manche Ideen und andere nicht, vielleicht findet der Verstand viele der hier vorgeschlagenen Lösungen zu simpel oder zu schwierig. Von diesem Gesichtspunkt aus gelesen wird es ein Buch unter vielen sein, die man im Laufe seines Lebens gelesen hat.

Haben wir aber den Mut, unsere Bewertungen und unser angehäuftes Wissen für einen Augenblick beiseite zu legen, erwecken wir *Das*, was durch Worte nicht zu fassen ist. Dann nimmt unser eigenes Selbst z.B. die äußere Form eines Buches an, um uns zu erreichen.

Im Nichtwissen, im Lesen mit einem offenen Herzen offenbart sich jenseits der Zeilen das Lied der Freiheit.

Gesungen von deinem Selbst für dich.

Dieses Buch ist jedem Menschen gewidmet. Es ist der tiefste Wunsch jedes Wesens, in Liebe und Freiheit zu sein. Dieser Wunsch reift in uns, bis wir bereit sind, das Lied der Freiheit zu hören und ihm tiefer und tiefer zu folgen.

Mögen alle Wesen aufrichtig glücklich sein.

In Liebe und Dienen,
Veit Lindau

Der Ruf des Herzens

Ich suche nach jemandem. Nach dir. Es ist gut, dich zu sehen. Du bist hier, weil du endgültig frei sein willst.

Was auch immer dich hierher gebracht hat, dieser tiefe Sog, tiefer als dein Verstand, ist dein Herz, das dich nach Hause ruft. Wir sind hier, um das zu nähren, und das geschieht, indem die Lügen aufgedeckt werden. Selbst wenn dein Verstand viele Gründe gefunden hat, um nicht hier zu sein; irgendetwas war dennoch stärker. Daran bin ich interessiert, an diesem tiefen Impuls, jenseits von Gedanken. Es ist deine Essenz, die ruft.

Wenn ich sage »Essenz«, meine ich die Substanz deines wahren Wesens. Es gibt einen physischen Körper, einen emotionalen Körper, einen mentalen Körper. Damit verdeckst du die Essenz. Es sind die Schleier, die du über das Licht der Essenz legst. Das Licht leuchtet weiter, doch die Schleier erschaffen bestimmte Effekte. Manchmal sieht es eher verraucht aus, manchmal eher wolkig, manchmal ist es klar. Wir sind hier, um die Schleier abzunehmen. Das geschieht durch intelligente Selbsterforschung. Der erste Schleier ist: »Ich bin ein Jemand. Ich weiß, was geschehen sollte. Ich will etwas tun.« Oder: »Ich will nichts tun.« Oder: »Ich will wissen, was ich tun soll. Ich will das Richtige tun. Ich will nicht das Falsche tun.«

Das alles ist dasselbe. Alles sind nur verschiedene Bedeckungen, so wie Lampenschirme mit unterschiedlichem Stil. Manche Schirme sind eher barock, manche sehr stilvoll, manche sind auf aggressive Weise nicht stilvoll. Und du nimmst es alles sehr persönlich. (Lachen).

Stell dir vor, du drückst mit deinem Daumen in einen aufgehenden Brotteig. Die Tiefe des Abdrucks, den du hinterlässt, wird davon abhängen, wie lange und intensiv du hineingedrückt hast. Dieser Abdruck ist vergleichbar mit deiner Persönlichkeit. Die Persönlichkeit ist der Abdruck, der entsteht, wenn die dynamische Kraft deines Karmas mit dem »Teig« des Lebens zusammenkommt.

Doch das allein ist nicht das Problem. Es ist die treibende Kraft hinter dem Druck. Der Glaube, dass es ein *Ich* gibt, ist das Problem. Der »Teig« des Lebens sind deine karmischen Umstände. Je nach deinen vergangenen Leben hast du womöglich Körner im Brot, vielleicht ist es ein lockerer Teig oder ein sehr schweres und festes Brot. Das ist einerlei. Es ist nur ein Ausdruck vergangener Leben. Aber daraus entsteht auch die karmische Kraft, die dich in das Leben hineintreibt. Wir sind hier, um uns dieser treibenden Kraft gewahr zu werden: der Anspannung, der Angst, des Zorns, der Leidenschaft, der Gedanken: »Ich muss etwas tun. Ich brauche etwas. Ich muss mich beschützen.« Diese Kraft ist das einzige Problem. Das ist die neurotische Anhaftung. Wenn diese neurotische Anhaftung aufgelöst wird, verschwindet der Fingerabdruck im Brot nicht. Es gibt immer noch die Persönlichkeit dieses jeweiligen »Tieres«. Sie verändert sich, wie sich alle Persönlichkeiten verändern. Sie verändert sich mit dem Alter. Die Persönlichkeit ist nicht das Problem. Obwohl die meisten Menschen einen Großteil ihres Lebens damit verbringen, daran zu arbeiten. Doch wenn du diesen Druck, diese Kraft beendest, dann tritt die weite Fülle der Liebe an die Stelle, wo vorher der Daumen war. Diese Liebe drückt sich dann durch die Persönlichkeit aus. Dein Ausdruck dieser vollständigen Gleichartigkeit ist einzigartig. Der Geschmack wird anders sein. Doch die Realität bleibt dieselbe.

Jedes Ego stellt sich vor, eine Insel zu sein. Wer *ich* bin, ist innen. Wer *ich* nicht bin, ist außen. Das bedeutet Ego. Trennung. Das Ufer der Insel ist die Persönlichkeit und je nach der Kraft im Zentrum der Insel wird die Persönlichkeit entweder charmant oder aggressiv oder ängstlich sein. Aber noch tiefer verwurzelt ist die Idee von einem persönlichen *Ich*, dem Herrscher der Insel. Er sagt: »Ich muss die Insel sichern.« Er lädt einige Menschen auf die Insel ein, andere hält er draußen. Wenn du jemanden findest, mit dem du die Insel teilen kannst, dann kannst du dir vorstellen, dass ihr von derselben Insel nach draußen guckt. Aber natürlich seid ihr zwei verschiedene Inseln, die sich vorstellen, eine zu sein. Das ist der Versuch, Getrenntsein in Einssein zu verwandeln. Hinter all dem steht das zwanghaft besessene, ängstliche, bedürftige *Ich*.

Die Fixierung dieses Ichs zeigt sich in den drei verschiedenen Schleiern. Du identifizierst dich mit einem der Schleier mehr als mit den anderen beiden, also entweder mit dem physischen Körper, dem Emotional- oder dem Mental-Körper. Mit einem von ihnen bist du am stärksten identifiziert, damit lebst du. Natürlich hat jeder einen Körper, Gefühle und Gedanken, aber man ist auf einer dieser drei Ebenen zentriert, entweder auf der physischen, der emotionalen oder mentalen Ebene. Jeder dieser Körper bedeckt einen Aspekt deiner Essenz, die Wahrheit dessen, wer du bist. Diese Wahrheit liegt jenseits von Namen und Formen. Wenn sie erfahren wird, hat sie drei essentielle Qualitäten. Die erste Qualität ist Gewahrsein. Du bist Gewahrsein. Du bist immer Gewahrsein gewesen. Du wirst immer Gewahrsein sein. Daran gibt es keinen Zweifel. Dieses Gewahrsein wird auch Sein genannt. Das ist die Realität. Es gibt nur *ein* Sein. Nicht als eine Religion, ein Konzept oder einen Glauben. Es gibt nur Sein, überall, zu jeder Zeit, in jeder Richtung, vollkommen homogen. Das ist deine Natur. Wenn du jedoch einen Schleier darüberlegst, meinst du fälschlicherweise, der physische Körper sei der Ort, wo das Sein seinen Platz hat. Dann nennst du dich ein menschliches Wesen. Das ist die Überschattung, das erste Einschlafen. Jedes Ego beginnt da. Mit dem Glauben, dass *ich* ein Körper bin. Das ist der Fall aus der Gnade. Und es ist der Beginn der Heimkehr. Denn du bist immer noch Bewusstsein. Das hat sich nicht verändert. Du bist immer das, was du bist. So ist sich das Bewusstsein auf einer gewissen Ebene des Betrugs gewahr, in einem Körper gefangen zu sein.

Die Wahrheit des Löwen

Wenn ich von Freiheit spreche, meine ich nicht eine Freiheit im Äußeren. Du kannst in dieser Welt *relativ* frei oder *relativ* unfrei sein. Jeder hier in diesem Raum ist *relativ* frei. Aber das ist nicht genug. Es gibt eine Möglichkeit, wahre Freiheit zu realisieren. Wahre Freiheit bedeutet zu erkennen, wer du wirklich *bist*. Nicht, wer du werden wirst; nicht, an wem du zu arbeiten hast; nicht etwas, was du transformieren oder in Ordnung bringen musst. Erkenne direkt, wer du schon bist, wer du immer gewesen bist. Das ist die Möglichkeit und sie steht dir offen. Das ist Freiheit. Wenn du weißt, wer du bist, kannst du kein Sklave sein, in keinerlei Hinsicht. In der Vergangenheit war wahre Freiheit sehr selten. Gautama Buddha begann als Prinz. Er hatte alles in der Welt: liebevolle Eltern, enormen Reichtum, ein viel besseres Leben als das, womit sich die meisten Menschen zufrieden geben. Die meisten Menschen geben sich mit den Krümeln dieses Lebens zufrieden. Aber durch ein tieferes Verlangen nach Freiheit ließ er alles zurück: seine Eltern, sein Kind, seine Frau, Geld, Macht. Er ging alleine fort, um die Wahrheit zu finden. Das war ein so seltenes Ereignis, dass wir sogar 2500 Jahre später noch darüber sprechen. Die meisten Menschen haben von Buddha gehört. *Jetzt* ist *deine* Möglichkeit. Es gibt keinen Unterschied. Hier zu sitzen bedeutet, du gehörst zu den Privilegierten dieser Welt. Es fallen keine Bomben; du weißt, wo du heute Nacht schlafen wirst; du hast genug zu essen. Du brauchst dir keine Sorgen um das Überleben zu machen. Das ist die Gelegenheit, tiefer zu gehen.

Um herauszufinden, wer du bist, musst du zunächst untersuchen, wer du dachtest zu sein. Schau, ob du das wirklich bist. Erwachen bedeutet lediglich, die Wahrheit zu sehen. Nicht, weil es dir jemand gesagt hat; nicht, weil du es glaubst; nicht, weil du es irgendwo gelesen hast.

Mein Lehrer erzählte eine wundervolle Geschichte über das Erwachen: In Indien bringen die Menschen ihre Wäsche auf Eseln zum Fluss, um sie dort zu waschen. Das geschieht heute noch. Eines Tages brachte ein Mann seine Wäsche zum Fluss. Unterwegs sah er, wie ein Jäger einen Löwen erschoss. Der Jäger zog ihm das Fell ab und ging fort. Der Mann sah, dass die Löwin schwanger gewesen war und ein kleines Löwenjunges zur Welt gebracht hatte. Er nahm das Löwenbaby mit und zog es auf. Als es groß genug war, ließ er es im Freien mit den Eseln spielen. Sehr bald lud er auch Wäsche auf den Rücken des Löwen, um ihn gemeinsam mit den Eseln zum Fluss zu führen. Eines Tages kam ein hungriger Löwe aus dem Dschungel und sah eine Herde von Eseln, die gutes Futter für Löwen sind. Aber wie war das möglich? Unter den Eseln war ein Löwe, der Gras fraß! Er sprang hervor, um den kleinen Löwen einzufangen und ihn zu fragen, was da los sei. Die Esel rannten in Panik davon. Der große Löwe fing den kleinen ein. Der schrie ganz ängstlich: »Oh bitte, Herr Löwe, fresst mich nicht! Lasst mich zurückgehen zu meinen Brüdern, den Eseln.« Der große Löwe sagte: »Was redest du da? Du bist ein Löwe!« »Nein, nein, Herr, ich bin ein Esel, bitte lasst mich gehen.« Da packte der große Löwe den kleinen am Nacken und trug ihn hinunter zum Fluss. »Schau ins Wasser, siehst du unsere Gesichter?« »Ja«, sagte der kleine Löwe, »sie sind gleich.« »Jetzt mach dein Maul auf und brülle!« Und der kleine Löwe öffnete sein Maul und brüllte.

Also, wieviel Übung war notwendig, um ein Löwe zu werden? So einfach ist das. Es geht nicht um Übung. Es gibt nichts zu transformieren. Du wirst nicht eines Tages ein Löwe werden. Es geht nur um die Bereitschaft, das Eseldasein aufzugeben. Das ist so selten. Denn es ist so bequem bei den Eseln. Das haben uns unsere Eltern beigebracht.

Erwachen ist genauso. Du siehst einfach, wie es *ist*. Es ist nichts, was kreiert werden kann. Wenn du aufhörst, zu kreieren und zu manifestieren, wenn du alles beendest, bleibt übrig, was schon hier *ist*. Freiheit bedeutet nur Freiheit von falscher Identität. Freiheit von der Identität als Esel.

Was hält dieses unsterbliche Bewusstsein in dem Glauben gefangen, ein Esel zu sein? Es ist eine Form von Trance. Eine Art Schlafwandel. Es ist ein neurotisches Festhalten an dem Verhalten von Tieren. Die Angst: Wenn ich aus dem Leben eines Esels aufwache, verliere ich mein Leben. Wie werde ich essen? Was werde ich tun? Ein Esel hat ja keine Ahnung, was ein Löwe tut. Du kannst dir nicht vorstellen, nicht mehr in der Herde der anderen zu sein. Das ist die Falle. Du setzt dich mit einem Tier gleich. Das ist nur ein Missverständnis. Es sind die tierischen Triebe, die die Sucht aufrechterhalten. Irgendwann reicht es dir; dann, wenn du erkennst, dass es niemals perfekt sein wird. Du kannst mehr Geld haben, mehr Kinder, mehr sexuelle Partner. Das wird es nicht lösen, denn der Esel zeigt sich immer noch. Solange der Esel wieder auftaucht, wirst du nicht glücklich. Du bist bereits Bewusstsein, also weißt du, dass du kein Esel bist, aber du verhältst dich immer noch wie einer. Das macht dich wahnsinnig.

Es bedarf keiner Übung, keiner harten Arbeit, es erfordert lediglich Bereitschaft. »Was auch immer es kostet, ich bin bereit. Ich habe es so satt, ein Esel zu sein. Ich muss wissen, wer ich wirklich bin!« Wenn diese Bereitschaft 100% ausmacht, erkennst du die Wahrheit. Wenn die Bereitschaft 30% ausmacht, bekommst du einen Geschmack von Wahrheit. Dann hast du spirituelle Erfahrungen. Das ist in Ordnung. Die spirituellen Erfahrungen machen dich hungrig nach mehr. Denn du merkst, jede spirituelle Erfahrung kommt und geht. Du versuchst, sie festzuhalten, du bist enttäuscht, weil sie vergangen ist, aber du kannst nicht erzwingen, dass *Es* geschieht. Denn das ist der Esel, der versucht, *Es* geschehen zu machen. Der Esel versucht, »Löwenschaft« anzunehmen. Er wird an sich arbeiten, um sich in einen Löwen zu transformieren. Irgendwann hast du genug. Du sagst: »Ich muss die Wahrheit erkennen, koste es, was es wolle.« Es kostet das, was du nicht aufgeben willst! Denn was auch immer du nicht aufgeben willst, ist dein Festhalten am Eseldasein. Wenn du nicht festhältst, gibt es kein Problem. Es ist die Bereitschaft, deine neurotischen Süchte aufzugeben. Diese endlose Beschäftigung mit *mir* und *meiner* Geschichte. »*Was ist mit mir?*« ist die narzisstisch-neurotische Sucht. Wach auf, du bist frei! Du *bist* frei. Es geht lediglich darum, es zu akzeptieren und der Sklaverei den Rücken zu kehren. Es ist die Herausforderung, allem was du kennst, den Rücken zu kehren. Alles, was du kennst, befindet sich im Revier des Eseldaseins. *Wer du bist, ist jenseits des Bekannten.* Um dem Unbekannten ins Auge zu blicken, musst du dein Anhaften am Bekannten loslassen. Dann siehst du all die verschiedenen Rollen des Eseldaseins, für die du dich hergegeben hast. Die Rollen als Kind, Vater oder Mutter, als Partner, als Arbeitnehmer, als männlich oder weiblich. Das alles sind Anhaftungen, durch die sich unsterbliches Bewusstsein selbst begrenzt. Ich bin nur hier, um dir zu versichern, welche Möglichkeit dir offen steht, denn unsere Gesichter sind dieselben. Dasselbe Gesicht, dasselbe Brüllen.

Freiheit wird in der Stille entdeckt. Während der denkende Geist immer stiller wird, gibt er seine Anhaftungen auf. Er lässt sein Haften an der Vergangenheit und Zukunft los. Wenn du einfach in diesem Moment innehältst, gibt es keine Vergangenheit und keine Zukunft. Dann ist es still, und in dieser Stille kannst du herausfinden, wie tief *Es* ist. Der Weg zu deinem Selbst ist der Weg zurück in die Stille. Du erkennst, dass all deine neurotischen Süchte das Denken aktivieren. Dort entsteht das Leiden. Denn es gibt ständig einen Gedanken über *mich* und was *ich* tue oder was *ich* brauche.

Voll und ganz glücklich zu sein bedeutet, das Unglücklichsein aufzugeben. So einfach ist es! (Lachen).

Unglücklichsein ist Selbstsucht. Schau dir dein eigenes Leben an und du wirst es sehen. In dem Moment, in dem es keine Selbstsucht gibt, d. h., wenn du ohne Sorgen um das bist, was zu dir zurückkommt, ist es sauber und frisch. Dann ist Glück da. Doch sobald der Gedanke auftaucht: »Aber was ist mit mir?«, bist du wieder im Leiden. Probier es aus, es ist ganz einfach. Wenn dein Verstand ruhig ist, kommt leuchtende Liebe zum Vorschein. Weise Liebe ist deine Natur. Sie leuchtet, sobald die Vorstellung verschwindet, ein Esel zu sein. Da du nicht wirklich ein Esel bist, brauchst du nicht daran zu arbeiten, einen besseren Esel aus dir zu machen.

Gib einfach dein Festhalten an der Herde auf. In jeder Kultur hat die Herden-Trance ihren eigenen Geschmack. In der deutschen Kultur schmeckt sie stark nach Pflicht. Hier gilt, das Richtige zu tun, weil es meine Pflicht ist, oder dagegen zu rebellieren, entweder das pflichtbewusste Kind zu sein oder sich gegen die Pflicht aufzulehnen. Es ist die Pflicht, die die Herde zusammenhält. Wie erschreckend ist es, wieviel Angst macht es, wenn plötzlich jeder in seine eigene Richtung davonläuft! »Stell dich hinten an! Warte, bis du dran bist! Es gibt genug Gras für jeden!«

Das Enneagramm dient nur dazu, die verschiedenen Stile des Eseldaseins zu durchschauen. Wenn du sie erkennst, dann kannst du sie als das nehmen, was sie sind. Der kleine Löwe hatte nie einen Bezugspunkt, um in den Eseln das zu sehen, was sie waren. Das Enneagramm gibt dir die Möglichkeit, zurückzutreten und diese Tiershow zu betrachten. Doch es ist nicht notwendig. In diesem Moment ist alles da, was du brauchst. Wenn du wirklich bereit bist, dann kannst du es *jetzt* beenden. Ohne magische Rituale, ohne Initiationen. Alle Initiationen in dein wahres Selbst geschehen ganz natürlich. Während du das Eseldasein von dir abfallen lässt, zeigen sich tiefere Schichten deines Selbst. Wenn du einmal auf dem Pfad bist, wenn du einmal sagst: »Okay. Es ist Zeit! Es ist Zeit, die Wahrheit herauszufinden«, dann wird sich alles, woran du anhaftest, melden, um dich zu testen: »Oh! Wirklich? Bist du wirklich bereit? Auch, wenn es *das* bedeutet?« Was auch immer *das* sein wird: es ist für dich maßgeschneidert, weil du daran haftest. Es ist das, was du am meisten zu verlieren fürchtest. Wenn du das verlierst, was du am meisten zu verlieren fürchtest, entdeckst du das, was nicht verloren werden kann. Alles, was du verlierst, ist falsche Identifikation. *Der erste Schritt, der essentielle Schritt ist, vollkommen ehrlich dir selbst gegenüber zu sein, was du wirklich willst.* Das ist essentiell. Solange du nicht wirklich weißt, was du willst, ist nichts möglich. Denn all die Wünsche, die du hast, betreffen den Bereich des Eseldaseins. Mehr Futter, besserer Sex, bessere Kinder, bessere Eltern, bessere Arbeit, mehr Geld, was auch immer. Das alles findet im Eselreich statt. Letztendlich musst du einsehen: Egal wieviel mehr du davon bekommst – es gibt dir keine endgültige Befriedigung. Dann bist du bereit zu fragen: »*Was will ich wirklich?*« Das ist der eigentliche Beginn. Wenn du entdeckst, dass das, was du willst, größer ist als dein Leben, wichtiger als dein persönliches Leben, dann gibst du dich dem hin. Und wenn du dich dem hingibst, dann nimmt *Es* dich. Das ist der Beginn einer Liebesbeziehung. Einer Liebesbeziehung mit diesem unbekannten Etwas. Etwas Tieferem als der Verstand. Tiefer als das Denken, tiefer als die Emotionen, tiefer als irgendein Körper. Die Gnade erscheint, um dich in größere Tiefen zu rufen. Dadurch kommt enorme Angst auf. »Ja, aber ...« Das ist der Test. Zum Verstand zurückzuflüchten, bedeutet, wieder zum Eseldasein zu rennen. Du rennst in deinen Verstand zurück oder du fällst in etwas Unbekanntes. Wenn du bereit bist, ins Unbekannte zu fallen, findest du die Wahrheit deines Selbst. Das ist das menschliche Potential. Du brauchst keine besondere Herkunft, du brauchst kein Heiliger zu sein. Das zählt nicht. Du bist schon frei. Du bist schon Bewusstsein, du bist schon Liebe selbst. Es geht nur um deine Bereitschaft, *Es* zu sein, *Das*, was du bist. Wenn du bereit bist, *Es* voll zu sein, dann beginnt ein vorzügliches, einfaches Leben. Kein normales Leben, ein natürliches Leben.

Ein normales Leben dreht sich um: »Ich will etwas *davon*, aber nichts *davon*. Ich versuche von *dem* etwas zu bekommen und ich versuche *das* fernzuhalten. Was soll ich tun? Wie kann ich es tun? Wie kann ich möglichst viel Spaß haben und möglichst viel Schmerz vermeiden?« Und so gibst du das Eseldasein an deine Kinder weiter. Vielleicht werden sie erwachen.

Frage: Was ist das für eine Kraft, die mir ständig sagt: »Du musst irgendetwas machen?«

Eli: Das wird Ego genannt. Das Leben eines Esels ist ein hartes Leben. Den ganzen Tag arbeiten: »Du musst etwas tun ...« Der Löwe liegt in der Sonne herum. Die Stimme in dir »Ich muss etwas tun« ist die Verinnerlichung des Meister-Sklaven-Verhältnisses. Damit lässt sich die Herde viel leichter zusammenhalten. Es ist viel schwerer, immer herumzurennen und die Herde unter Kontrolle zu halten. Viel besser ist es, ins Bewusstsein jedes einzelnen Herdenmitglieds einzuimpfen: »Ich hab' zu tun, ich muss etwas tun ...«! Das hält sie alle zusammen.

F: Ist der Löwe allein ein Löwe geworden oder hatte er einen Meister?

E: Er war schon immer ein Löwe. Die Funktion des Meisters war, ihm zu sagen: »Schau, dasselbe Gesicht. Brüll!« Ja, ein Lehrer kann sehr wichtig sein, damit du eine Spiegelung deines Selbst hast, damit du dein Selbst klar sehen kannst. So kannst du die Wahrheit der Situation erkennen. Mein Lehrer sagte zu mir: »Es gibt nur *einen* Lehrer. Er lebt in deinem Herzen. Er spricht zu dir in Stille.« Wenn du nicht in der Lage bist, die Sprache der Stille zu verstehen, weil du zu viel zu dir selbst sprichst, weil du zu viel Lärm in deinem Kopf machst, dann erscheint der Lehrer aus deinem Herzen in einer menschlichen Form, um dir gegenüberzustehen und in deiner eigenen Sprache zu dir zu sprechen.

Er sagt dir: »Ja, du!« Der Löwe ist eine Metapher für das Ende allen Denkens. Die Möglichkeit, dein Selbst vollkommen zu erkennen, wenn das ganze Universum verschwindet. Vergiss Löwen, Tiger, Menschen. Lass das ganze Universum verschwinden. Wenn alles, was erschienen ist, verschwindet, dann erkennst du dein Selbst als das, was sich nicht verändert. Wenn du dich in der Erscheinungsform eines Löwen inkarnierst, wirst du dich ganz natürlich wie ein Löwe verhalten, aber niemals glauben, ein Löwe zu sein. Du brauchst dich nicht daran zu erinnern, wer du bist.

F: Braucht jeder einen Lehrer?

E: Wenn du keinen Lehrer brauchst, wirst du ohne einen Lehrer erwachen. Ich brauchte Hilfe, nachdem ich so weit gegangen war, wie ich selbst gehen konnte. Ich wusste nicht, wie ich den Verstand zur Ruhe bringen konnte. Ich hatte großes Glück, einen Lehrer zu finden, denn vom Lehrer geht eine Übertragung aus.

F: Ist das nicht auch eine Anhaftung, wenn ich sage, ich brauche einen Lehrer?

E: Du lebst in der Welt der Anhaftung. Es geht darum, irgendwann zu sagen: »Ich will mit der Welt der Anhaftung Schluss machen.« Also entsteht ein Verlangen nach etwas jenseits dessen. Es gibt natürlich Menschen, die an ihrem Lehrer haften. Doch das sind Schafe und Schäfer. Solange du dich wie ein Schaf verhältst, wird es Schäfer geben. Der wahre Lehrer, der dich nicht wie ein Schaf behandelt, will

nur, dass du aufwachst und frei bist. Ich hatte mich in meinen Lehrer
verliebt. Und in diesem Sichverlieben vertiefte sich meine Bereitschaft. Liebe ist etwas, das nicht vergeht. Liebe ist deine Natur.

Anhaftungen vergehen auf jeden Fall. Die Anhaftungen unterstützen eine neurotische Vorstellung deiner selbst. Wenn du unbedingt
an etwas anhaften willst, hafte an der Liebe. Mit Liebe meine ich
nicht die Liebe zu einem Objekt. Meistens wird mit Liebe das Lieben
von Objekten gemeint. Du liebst sie, weil du durch sie ein bestimm-
tes Gefühl bekommst. »Also habe ich Kinder, damit ich mich durch
sie besser fühle. Ich liebe sie als meine wertvollen Objekte und ich
hasse sie, weil sie nicht ihre Aufgabe erfüllen. Sie haben mir nie die
völlige Befriedigung gegeben, die ich erwartet habe.« Das, was meistens Liebe genannt wird, ist Selbstsucht: »Ich liebe dich, weil du mir
ein gutes Gefühl gibst. Ich liebe dich, weil … Wenn du nicht machst,
dass ich mich gut fühle, dann liebe ich dich auch nicht mehr.«

Wir benutzen oft unser Pflichtgefühl als Ausrede. Ich habe so oft
gehört, dass Leute sagen: »Ich kann nicht erwachen wegen meiner
Kinder, wegen meiner Verantwortung.« Damit gibst du deinen Kin-
dern die Schuld für dein Sklaventum und nennst das Pflicht. Es ist
Selbstverrat. Dann bist du voller Hass, weil sie das Opfer nicht zu
schätzen wissen, das du für sie gebracht hast. Es geht immer nur um
dich. Es geht überhaupt nicht um die Kinder. Welches Kind wäre
nicht begeistert über erleuchtete Eltern?

Liebe geht über Subjekt und Objekt hinaus. Sie ist deine Natur.
Sie leuchtet. Sie ist leer, überall, voll. Sie ist überfließende Fülle,
leuchtende Intelligenz. Dann kannst du auch Objekte lieben, wenn
sie auftauchen. Denn du erkennst, dass es tatsächlich keine Objekte
sind. Was auch immer du liebst, es ist Bewusstsein, das Bewusstsein
liebt, es ist Liebe, die die Liebe liebt. Aber solange du dich als Esel
identifizierst, als menschlicher Körper, solange wirst du versuchen,
den Körper liebenswert zu machen. Du kleidest den Esel schön an,
damit er liebenswert ist. Das funktioniert nie.

F: Wie wird mein Leben nach dem Erwachen aussehen?

E: Um zu realisieren, wer du bist, musst du bereit sein, im Unbekannten zu leben. Du kannst nicht wissen, wie es aussehen wird.

Dann hast du keine Meinungen oder Bewertungen, wie es sein sollte. Es offenbart sich als sehr natürlich, umfassend und wunderschön. Es zeigt sich frisch und rein, sehr vertrauenswürdig. Der Körper hat seine eigene karmische Dynamik. Die Beziehungen, die bleiben, bleiben. Die Beziehungen, die vergehen, vergehen. Von da an bist du eine bessere Mutter, eine bessere Ehefrau, eine bessere Geliebte, weil du nicht mehr am Ergebnis interessiert bist. Du gibst deine persönliche Anhaftung am Ergebnis auf. Dann bist du frei, von der Liebe benutzt zu werden. Wenn du von deinem Herzen bewegt wirst, nicht von einer Vorstellung, nicht von deinen Emotionen, sondern von etwas Tieferem, dann ist dieses Tiefe vertrauenswürdig. Bleibe dem treu, was vertrauenswürdig ist, dann wird jeder davon profitieren. Es wird vielleicht nicht so sein, wie die Leute es erwarten. Aber die Liebe ist vertrauenswürdig. Beziehungen, die auf wahrer Liebe basieren, halten. Beziehungen, die auf etwas anderem beruhen, werden bedroht. Entweder entwickeln sie sich zu wahrer Liebe oder sie lösen sich auf.

F: Wie kann ich mich von meiner Vergangenheit befreien?

E: Alles, was war, hat nie existiert. Es gibt nichts, was du loswerden müsstest. Du siehst es als das, was es ist. Es ist alles dein Selbst.

F: Wie fühlst du dich als Löwe, der zwischen Eseln lebt?

E: Es gibt keine Esel, nur Löwen, die vortäuschen, Esel zu sein.

F: Es ist doch nicht nur die Geschichte des Leidens. Es ist doch auch die Geschichte des Glücks. Ich würde gern an meinem Lachen, meiner Freude anhaften.

E: Siehst du, im Augenblick bist du davon überzeugt, dass es einen Herwig gibt. Herwig ist für dich der Grund des Seins. Herwig hat gute Zeiten und schlechte Zeiten. Er möchte an den guten Zeiten festhalten und die schlechten Zeiten loswerden. Mit zunehmender Reife erkennst du, dass die guten Zeiten immer zu schlechten Zeiten führen. Kurze Vergnügen haben immer den Beigeschmack von längerfristigen Leiden an sich. Wenn du das erkennst, bist du bereit, es zu verbrennen. Die Vorstellung von Herwig verbrennt. Die guten Erfahrungen, die schlechten Erfahrungen, all das entbehrt einer wirklichen Grundlage. Es gab nie einen Herwig. Herwig ist eine Trance-Induktion, die durch deine Eltern weitergegeben wurde, die sie wiederum von ihren Eltern erhielten. Du genießt das irgendwie, weil du Freude daran hast. Und dann wirst du depressiv, weil du immer wieder damit anstößt und nicht weiterkommst. Im Englischen gibt es das Sprichwort: »Unwissenheit ist Glückseligkeit.« Die meisten Menschen in der Welt geben sich damit zufrieden, so viel Vergnügen und so wenig Schmerz wie möglich zu haben.

F: Warum sind wir überhaupt in diesen Traum gegangen?

E: Du musst in die Hölle gehen, um in den Himmel zurückkehren zu können. Das ist das Spiel. Es ist das Spiel Luzifers. Er war Gottes Lieblingsengel. Er hatte Gott äonenlang gepriesen, bis er irgendwann sagte: »He! Was ist mit mir? Ich will meinen Anteil!« Da wurde Luzifer in die dunkelste Ecke der Unterwelt verbannt, um ganz langsam über viele, viele Zeitalter hinweg seinen Weg zurückzufinden. Durch diese Rückkehr wird er schließlich der Überbringer des Lichts. Es ist der Verstand, der jetzt im Dienste der Wahrheit steht. Das ist ein großartiges Nachhausekommen, die Rückkehr des verlorenen Sohnes.

F: Ist diese Geschichte nicht auch eine Illusion?

E: Ja. Jede Geschichte ist ein Traum. Aber manche Träume sind transparenter und reflektieren unausgesprochen die Wahrheit. Der Verstand und die Sprache können nie erfassen, was jenseits ihrer eigenen Begrenzungen liegt. Alles, was größer ist, was nicht in Worte gefasst werden kann, was nicht benannt werden kann, was nicht festgehalten werden kann, ist die Wahrheit. *Das* ist, was du bist. Die Worte sind nicht das, um was es geht. Aber wenn sie reflektieren, was jenseits der Grenzen liegt, dann sind sie nützlich.

F: Aber ich glaube, ich kann nicht immer in diesem erleuchteten Zustand leben. In meinem alltäglichen Leben muss ich als Persönlichkeit reagieren, mit den Menschen umgehen und mit meinem Beruf.

E: Du glaubst, dass da »jemand« ist, der in einem Zustand ist. Der jetzt diesen Raum verlassen wird, um etwas anderes zu tun. Dieser »Jemand« ist das einzige Problem. Der, der glaubt, dass da ein »Ich« ist, das diesen Raum verlassen muss, um etwas anderes zu tun. Aber wenn du anhand deiner eigenen Erfahrung erkennst, dass da niemand ist, dann offenbart der Ursprung des Seins seine wahre Natur. Und in dieser weiten Leere kommen und gehen alle Erfahrungen. Erfahrungen von Beziehungen kommen und gehen, Erfahrungen von Glückseligkeit kommen und gehen. All das kommt aus dem Ursprung des Seins, der unsterblichen Liebe, und löst sich wieder in ihm auf.

F: *Aber solange ich in meinem Körper bin, kann ich mich doch nicht von Emotionen und Gedanken befreien, dann muss ich doch als Persönlichkeit reagieren.*

E: Das ist nur deine Rechtfertigung, die Herde nicht zu verlassen. Du denkst, es geht nicht. Aber ich bin hier, um dir zu sagen, dass du es kannst. Doch wenn du Angst hast vor dieser Möglichkeit, dann hältst du an deinem Konzept fest, dass es nicht möglich ist. Wenn du offen bist für die Möglichkeit, dann wirst du herausfinden, was das für dich beinhaltet. Wenn du festhältst an der Vorstellung, wie es sein wird, dann wirst du es nie herausfinden. Meine Aufgabe ist es, dich dazu zu bringen, deine Verteidigungsstrategien fallen zu lassen.

Freiheit

Wach auf, du bist frei. Dieser Satz ist absolut essentiell. Um ihn richtig zu verstehen, musst du wissen, was Freiheit ist und was Erwachen bedeutet. Freiheit ist eine vertrackte Angelegenheit, die seit Jahrhunderten immer wieder gesucht wurde und immer wieder missglückt ist. Alle Revolutionen waren Kämpfe für die Freiheit, und keine davon ist gut ausgegangen. Selbst die besten Absichten führten immer wieder zu verschiedenen Variationen der Sklaverei. Was heute Freiheit genannt wird, ist der freie Markt. Jeder ist frei, ein Konsument zu sein. Doch was ist Freiheit wirklich? Warum wurde sie auf diesem Planeten bisher nie erfolgreich verwirklicht? Ich habe zur Generation der sechziger Jahre gehört. Damals bedeutete Freiheit die Freiheit für *mich*. Jeder sollte frei sein, das zu tun, was er wollte. Freier Sex, freie Liebe, freie Drogen. Es funktionierte nicht. Es gibt sicher *relativ* mehr oder weniger Freiheit in der Welt der Erscheinungen. Aber letztendlich muss Freiheit als das gesehen werden, was sie tatsächlich ist. Sie ist Freiheit von der fälschlicherweise angenommenen Vorstellung, wer du glaubst zu sein. Solange du nicht bereit bist, aufzuwachen und frei zu sein, gibt es keine Hoffnung für die Welt. Die Grundlage, der Glaube bei allen Revolutionen war: Wenn die Struktur der Gesellschaft verändert werden wird, wird sich das Denken in den Köpfen der Menschen ändern. Doch es kommt auf das Bewusstsein jedes Einzelnen an. Das Denken lässt sich nicht durch Gesetze verändern. Es muss eine individuelle Entscheidung sein. Die Entscheidung für wirkliche Freiheit ist sehr selten. Normalerweise verkaufen wir uns für ökonomische oder sexuelle

Interessen oder was immer es ist, an dem du haftest und was du nicht bereit bist aufzugeben. Frei sein bedeutet, zu erwachen und zu erkennen, wer du wirklich bist. Doch um zu sehen, wer du wirklich bist, musst du bereit sein, dem den Rücken zu kehren, der du nicht bist. Es ist sehr einfach.

Was wäre, wenn jeder, der dieses Buch liest, die Entscheidung träfe: »Genug! Wirklich genug!« Wenn du tief in dein Herz schaust, dann weißt du, dass du wirklich genug hattest. Wenn du nie wieder einen weiteren Orgasmus hättest, nichts mehr von allem ... Du hast genug von allem gehabt, wirklich!

Wenn du endlich genug hast, dann bist du bereit, diese ständige, selbstsüchtige Beschäftigung mit *dir* aufzugeben. Das ist das Ende vom Leiden, das ist die Freiheit von neurotischer Anhaftung.

Die wenigsten von uns haben in ihrer Kindheit von der Möglichkeit der Befreiung gehört. Wir wussten nicht, dass wahre Freiheit möglich ist, also haben wir uns mit der bestmöglichen Version zufrieden gegeben, die wir finden konnten. Du gibst dich mit einem bequemen Leben zufrieden. Doch eines Tages hörst du von der Möglichkeit wahrer Freiheit. Im ersten Moment erscheint das so abstrakt und so weit weg. *In Wirklichkeit ist es genau hier, in diesem Moment. Es ist nicht abstrakt. Es ist absolut konkret und real.* Was es erfordert, ist Bereitschaft. Es ist dein Herz, das dich nach Hause ruft. Der Teil in dir, der nie wirklich befriedigt wurde, der weiß, dass etwas nicht stimmt. Er ahnt, dass da mehr sein muss und er hat dich hierhergeführt. Je mehr du dich deinem Herzen hingeben kannst, umso mehr wächst deine Bereitschaft. Deine Integrität wächst. In der normalen Welt wird Integrität verschlissen durch Sichherabwürdigen, durch Lügen und Kompromisse. Durch Ängste, die das Leben absichern sollen. Es ist eine Welt der Versklavung.

Während der Ruf dich tiefer in dein Herz zieht, wirst du tiefer in die Wahrheit gerufen. Du deckst deine Lügen auf, die Punkte in deinem Leben, an denen du dich verkauft hast, um Sicherheit und Liebe zu bekommen. Du spürst den Schmerz darüber und hörst damit auf. Tatsächlich reicht dieser Augenblick jetzt voll und ganz aus. Die Möglichkeit existiert *jetzt, hier,* für dich. Du hast die Wahl.

Wenn du die Wahrheit erfährst, spürst du leicht die Tendenz: »Das ist zu gut. Es ist zu groß. Es ist zu glückselig. Es muss ein Ende haben.« In Wirklichkeit gibt es kein Ende. Nur der Verstand geht zurück in seine Verkrampfung. Der entscheidende Yoga ist, den Verstand zu entspannen. Dafür ist keine Übung nötig. Jede Übung ist Arbeit. Es geht um Entspannung. Keine Arbeit, aber auch keine Faulheit. Absolut klar, still, wachsam. Das ist das Geheimnis eines glücklichen Lebens. Wenn du dich entspannst, verpasst du überhaupt nichts. Alles wird feiner gesehen. In entspannter Wachheit ist mehr Klarheit da. Wenn dein Verstand still ist, kommt deine leuchtende Schönheit zum Vorschein.

F: Woher weiß ich denn, welcher Stimme ich folgen soll?

E: Alle Stimmen in deinem Kopf sind Ego. Die ganzen Alternativen: »Soll ich? Soll ich nicht?« sind Ego. Es gibt eine tiefere Gewissheit. Du weißt nicht, wie es ausgehen wird, aber du weißt mit Sicherheit, hier gibt es keine Wahl. Das ist es. Jeder innere Monolog kann ein Signal für dich sein, dich in die Tiefe deines Herzens fallen zu lassen. Dort ist alles sehr klar und offensichtlich.

Wenn du den Wunsch hast, nach Hause zu kommen, bedeutet das, *Du* rufst dich bereits nach Hause. Du antwortest auf den Ruf deines eigenen Selbst. Du hast den Mut, diesem Ruf zu folgen. Vertraue diesem Tieferen. Da auch der Verstand nach Hause kommen will, lernt er, ruhiger zu werden und zu vertrauen. Da auch die Emotionen nach Hause kommen wollen, lernen sie, dem zu vertrauen, was tiefer ist.

F: Wie kann ich den Verstand dazu bringen, auch in die Richtung der Liebe zu gehen?

E: Wenn du die Freiheit willst, wenn der Verstand frei sein will, wenn die Gefühle frei sein wollen, wenn alles, was du »Ich« nennst, frei sein möchte, dann bist du bereit, alles aufzugeben, alle Anhaftungen im Außen aufzugeben. Du bist bereit, dich nur für einen Moment nach innen zu wenden, um herauszufinden, wer du bist. Das wird dein einziger Wunsch. *Du kannst es nicht »machen«. Aber was auch immer du dir wünschst, wird geschehen.* Schau dir die Umstände deines Lebens an. Sie sind die Ergebnisse deiner Wünsche. Egal wie sehr du die Umstände veränderst, Leiden taucht immer noch auf. Du wechselst den Ort, den Partner, den Beruf, aber das »Ich« zeigt sich trotzdem immer wieder. Eine Zeit lang zeigst »du« dich nicht und das ist wie Flitterwochen. Du bist so dankbar für das Neue, dass du keine Zeit hast, darüber nachzudenken, was du noch willst. Aber dann trägt sich das Neue ab. Du bemerkst wieder, was alles falsch ist. Schließlich erkennst du, dass du dich nie durch das Außen finden wirst. Wenn es Freiheit ist, was du wirklich willst, dann gibst du ihr alles. Alle Wünsche werden *ein* Wunsch. Du siehst, wofür du dich alles verkauft hast, anstatt der Freiheit zu dienen. *Das ist sehr einfach. Du sagst die Wahrheit und du bekommst dich selbst zurück.* Du fühlst die Unerträglichkeit der Entscheidungen, die du getroffen hast. Du fühlst die Erniedrigung, die Scham, die Wut, die Traurigkeit, die Hoffnungslosigkeit, du fühlst die Verzweiflung darüber, dass es nie richtig sein wird. Du tauchst da hinein und findest heraus, was tiefer ist.

Wahrheit ist keine alltägliche Sache. Sie ist eine ernste Angelegenheit, eine Sache auf Leben und Tod. Du bringst das Ende des Selbstbetruges als Opfergabe dar. Deine Opfergabe wird angenommen und die Selbsttäuschung wird beseitigt. Von all dem, was du nicht sehen wolltest, wird die Decke abgenommen. Das ist sehr schön.

ᥫᩗ

F: Kann ich meinen Wunsch, frei zu sein, verstärken?

E: Das ist eine gute Frage. Der Wunsch, frei zu sein, muss ein Verlangen werden. Ein Wunsch hat nicht genug Kraft. »Oh, ich wünschte, ich hätte eine Million Mark! Ich wünschte, ich lebte da und da. Ich wünschte, ich wäre mit der perfekten Frau verheiratet.« Diese Wünsche haben keine Macht. Wenn du frei sein willst, dann mach das zu etwas Brennendem. Mach es zum Wichtigsten. Nicht nur zur Nr. 1 auf einer Liste, sondern zum Einzigen. Sei ehrlich zu dir über das, was noch auf der Liste ist: »Ich will frei sein, ich will aber auch erfolgreich sein; ich will Geld haben; ich will, dass meine Eltern mich lieben; ich will großartigen Sex haben.« Schaff dir die ganze Liste vom Hals, indem du ehrlich mit dir darüber bist, was auf der Liste steht. Dann hast du nur noch ein Verlangen, das Verlangen nach Freiheit. Dieses Verlangen brennt. Es wird zu einem lodernden Feuer, weil es das Einzige ist. Es ergreift dich. Es verbrennt die Vorstellung einer getrennten Identität. Dann offenbart sich alles. Du fällst in eine Verwirklichung deiner selbst, die deine wildesten Träume übertrifft. Die Tiefe und die Dauer innerhalb dieses weiten Feldes der Realisation hängen von der Intensität deines Wunsches ab. Je mehr du dich hingibst, umso tiefer geht es und umso länger dauert es. An einem bestimmten Punkt jedoch kommt alles, wovon du dich abgewandt hast, zurück und erscheint wieder. Das ist dein Test. Wenn du es nicht berührst, verbrennt es und deine Verwirklichung geht noch tiefer.

ᘒ

F: Ich verstricke mich oft in zu viele Dinge. Tief in mir weiß ich, dass ich nur Eines wirklich will. Ich habe Angst, all das andere loszulassen.

E: Lass dich fallen. Es ist wie in diesen Comics, wo ein Tier über den Rand der Klippe rennt und weiter in der Luft läuft, bis es bemerkt, dass da nichts mehr ist. (Lacht).
   Es geht nicht um das Stoppen von Aktivitäten. Die Aktivitäten in deinem Leben gehen weiter oder nicht, aber du fällst immer weiter. Das »Ich« gibt die Kontrolle auf. Dann ist die Liebe die Kontrollierende. Und es kann sein, dass es einige Dinge gibt, die du nicht mehr tun kannst, und andere Dinge, die du tun musst. Vielleicht verändert sich gar nichts oder alles.

ᘒ

F: Ich habe seit einiger Zeit das Gefühl, dass sich mein Ich auflöst. Übrig bleibt nur Traurigkeit, Frust und Schmerz. Die Lebendigkeit, die ich sonst fühlte, ist nicht mehr da. Ich habe Angst davor.

E: Was willst du?

F: Ich will frei sein und leben. Die alten Muster funktionieren nicht mehr.

E: Was bedeutet Freisein?

F: Eins-Sein und Im-Fluss-Sein.

E: Das sind zwei verschiedene Dinge. Im Eins-Sein, wer ist dann in welchem Fluss?

F: Bis jetzt habe ich mich nur eins fühlen können, wenn es pulsierte, wenn es floss.

E: Das ist nicht die Wirklichkeit von Einheit. Das ist eine Sinneswahrnehmung, die vorübergeht. Du hast großes Glück. Das Gefühl von Ich löst sich auf. Das ist sehr selten. Aber du willst zurück zu den guten alten Tagen. Als ob es gute alte Tage gewesen wären. Du versuchst, in die Hölle zurückzuspringen, und durch ein Mysterium wirst du in die Gnade geführt. Und du weinst darüber!

F: Ich bin im Moment einfach nicht glücklich.

E: Na und? Du sagtest, du willst Freiheit. Und jetzt jammerst du darüber, dass du gerade nicht glücklich bist? Es kann schlimmer kommen. Ich weiß nicht, wie sich durch Gnade dein Ichgefühl auflösen konnte. Das ist eine sehr seltene Gelegenheit, du hast eine tatsächliche Chance der Freiheit. Das hast du nie zuvor gehabt. Bis jetzt hast du dich selbst hereingelegt. Du hast dein Bestes getan, um so glücklich und high wie möglich zu sein. Das ist alles Unsinn gewesen. Gnade hat es ans Licht gebracht. Du musst irgendwann ein Gebet gesprochen haben, an das du dich nicht mehr erinnerst. Jetzt, wo es erhört wird, willst du dich drücken. Das ist so, als wenn du gerade im Begriff bist, ein Kind zu gebären und, wenn die Wehen kommen, deine Meinung ändern wolltest. Hör auf zu jammern. Wach auf. Dein Gebet ist erhört worden und du beschwerst dich darüber, weil es unbequem ist. An irgendeinem Punkt deines Lebens hast du ein Gebet ausgesandt, das viel tiefer gewirkt hat, als dir klar ist. Du dachtest, es wird nur ein weiteres Erlebnis sein, was sich gut anfühlt. Es ist viel mehr als das. Es ist real. Wenn du Glück hast, dann wirst du dieses Sichauflösen willkommen heißen.

Normalerweise bist du an der Oberfläche und alles geht halt irgendwie seinen Gang. Das ist vorbei. Jetzt bist du in die Verzweiflung gestürzt, die die ganze Zeit lang da gewesen ist. In deiner Ignoranz hast du sie vermieden. Du hast dich mit allem möglichen anderen beschäftigt, damit du sie nicht fühlen musst. Es ist Gnade, dass du sie hier und jetzt spürst. Wenn du sie willkommen heißt, dann bist du bereit, darin zu sterben. Wenn du bereit bist, alles zu ertragen, was damit zusammenhängt, dann gehst du durch sie hindurch ans andere Ufer. Du entdeckst Freiheit und findest das, was nicht stirbt. Das ist die Herausforderung deines Lebens. Es ist die Herausforderung von Millionen von Inkarnationen. Nutze es gut. Nimm es ernst. Es erfordert deine totale Aufmerksamkeit. Wenn du weiter versuchst, dich abzulenken, verlängerst du nur das Leiden und versäumst vielleicht die Gelegenheit. Also gib deine Ablenkungen und Süchte auf. Gib dich selbst vollkommen dem hin, was geschieht. Brich die Geburt nicht ab.

☙

F: Je mehr ich entdecke, umso mehr weiß ich. Doch du sagst, je mehr ich entdecke, umso weniger weiß ich.

E: Wenn du die Wahrheit entdeckst, weißt du alles. Alles, was du zuvor wusstest, ist nicht wissenswert. Es ist so, als wenn du dein ganzes Leben in einem Haus gelebt hättest. Du weißt sehr gut, wie du in diesem Haus zurechtkommst und kennst all die feinen, kleinen technischen Details dieses Gebäudes. Eines Tages kommt jemand von draußen in dieses Haus und sagt: »Da gibt es noch eine ganz andere Welt. Eine viel größere Welt. Eine Realität, die so groß ist, dass dieses Gebäude fast bedeutungslos ist. Komm mit, ich zeige es dir.«

Und du antwortest: »Ja, aber … Wie werde ich da draußen überleben? Hier kenne ich mich so gut aus. Da draußen werde ich gar nichts wissen.« Deshalb werden es die meisten Menschen vorziehen, drinnen zu bleiben. Denn nach draußen zu gehen bedeutet, das Bekannte komplett hinter sich zu lassen.

Don Juan sagt in Castanedas Büchern: »Leg alles, was du kennst, auf den Tisch. Selbst Gott kommt auf den Tisch. Alles, wofür du einen Namen hast, legen wir auf den Tisch. Und wenn du allem einen Namen gegeben hast und es auf den Tisch gestellt hast, dann sei bereit, den Tisch zu verlassen. Du lässt alles zurück. Nackt und frisch stellst du dich dem Unbekannten.« Das macht dem Verstand Angst. Durch Wissen erschafft er sich seine Sicherheit. Das ist seine selbst ausgelöste Versklavung. Du brauchst keinen Wächter im Außen, denn du hast deinen Schrecken im Innern. Beginne die Anhaftung am Verstand und am Wissen zu sehen. Die Vermeidung der Angst. Die Vermeidung, an den Rand zu treten. Die meisten Menschen versuchen nur, sich einen bequemeren Tisch zu schaffen. Sie arbeiten wirklich hart daran. Du startest viele Projekte, um deinen Selbstwert zu heben, um deine Beziehungen zu verbessern, um deine Arbeit besser zu machen. All diese Projekte sind nur Geschäftigkeit, um nicht an den Rand treten zu müssen.

✪

F: Ich möchte Frieden. Ich möchte ein friedvoller Krieger sein, aber mein Körper steht mir so oft im Weg.

E: Ein Krieger zu sein bedeutet die Bereitschaft zu ertragen. Dann kann dich nichts aufhalten. Ich habe einmal einen Teilnehmer getroffen, der in einem Gefängnis geschlagen und gefoltert worden war. Und er sagte, in dem Moment, in dem er geschlagen wurde, wurde er nicht berührt. Wer du bist, kann nicht berührt werden. Und du weißt das. Also gibt es keine Ausrede. Es ist nicht die Schuld deines Körpers, es ist nicht die Schuld deiner Mutter. Die ganze Energie dieser Welt steht dir zur Verfügung. Du bist die Quelle der Energie.

✪

F: Bedarf es nicht erst einmal einer gewissen Demut und Geduld, das Gefängnis zu akzeptieren, in dem ich mich befinde?

E: Warum willst du es akzeptieren? Fühlst du dich jetzt im Gefängnis?

F: Nein, jetzt im Moment fühle ich mich frei.

E: Gut, dann greife dein Gefängnis nie wieder auf. Du brauchst es nicht geduldig hinzunehmen.

F: Zu denken, dass ich frei bin, macht mich doch noch nicht frei.

E: Richtig. Deshalb höre auf, zu denken und zu glauben. Wenn du aufhörst, zu *denken* und zu *glauben*, bist du frei. Hör mit allem auf. Stille. Kein Gefängnis. Keine Geduld. Kein Glaube. Kein Gedanke. Da beginnst *du*. Da endest *du*. Immer tiefer. Tiefere Ruhe. Dort findest du die Wahrheit.

౭౩

F: Ich habe mit 21 einen Selbstmordversuch unternommen.

E: Es ist nicht der Körper, der sterben muss. Lass den Körper leben und ertrage die Unerträglichkeit. Wenn du sie erträgst, führt sie dich zum inneren Abgrund. Wenn du beim Abgrund bist, gibt es nichts mehr zu ertragen. Du lässt all deine Last zurück und fällst in den Abgrund. Die wahre Herausforderung ist es, in Stille zu ertragen.

Die Menschen haben ein falsches Verständnis von Freiheit. Sie denken, wenn sie frei sind, werden sie noch größeren Spielraum haben, nach Belieben zu wählen. *Freiheit ist das Ende der Wahl.* Dieses Fehlen einer Wahl ist überwältigende Glückseligkeit. Das ist es, wovor jeder solche Angst hat. »Ich muss mir meine Möglichkeiten offen halten!« (Lacht). Wenn du keine Wahl hast, bist du frei. Wenn du viel Spielraum hast zu wählen, bist du verwirrt. Denn mit vielen Möglichkeiten zu wählen, ist da immer noch ein »Jemand«, der etwas will. Und das ist das Leiden.

౭౩

F: Warum verlässt du deinen Körper nicht?

E: Ja, es ist wahr, man braucht keinen Körper. Der Körper hat seine eigene karmische Dynamik. Alle Körper sind auf dem Weg zum Friedhof. Du brauchst dich nicht in diesen Prozess einzumischen.

Wenn du bereit bist, alles zu stoppen, um die Wahrheit zu erkennen, kann es sein, dass der Körper die alten Aktivitäten fortsetzt oder auch nicht. Es ist nicht mehr wichtig.

F: Heißt das, ich kann entscheiden?

E: Es bedeutet in Wirklichkeit, dass du dann jenseits jeder Wahl stehst. Sobald du anfängst zu wählen, bist du zurück in deinem Verstand. Du nimmst noch an, dass es »jemanden« gibt, der etwas wählt. Wenn du die Wahrheit entdeckst, weißt du, da ist niemand, der wählt, genauer gesagt, es gibt nichts zu wählen. Was da ist, ist Liebe selbst, absolut bewusst, absolut präsent und ohne die Notwendigkeit zu wählen. Denn die Wahl für Freiheit ist getroffen. Das ist die letzte Wahl. Das ist Freiheit von jeder anderen Wahl. Wenn du einmal die Freiheit gewählt hast, dann übernimmt etwas anderes die Kontrolle. Diese unbekannte Liebe trifft die Wahl. Laufen geschieht und du stellst fest, du läufst. Nichtlaufen geschieht und du merkst, du läufst nicht.

F: Mir wurde beigebracht, dass es Menschen, die keine Wahl haben, sehr schlecht geht.

E: Wenn du denkst, dass du keine Wahl hast, dann ist genau das bereits eine Wahl. (Lacht). Wenn du denkst, du hast keine Wahl, dann beschwerst du dich über die Situation. Du wählst etwas anderes und du bekommst nicht, was du willst. »Keine Wahl« bedeutet in Wirklichkeit, vollkommen spontan und frei zu sein. Kein Wissen, was dabei herauskommen wird. Du siehst vielleicht, dass du deinen Körper über eine Bombe wirfst, um jemand anderen zu retten. Wenn du das tust, dann wird es keine Wahl sein. Es wird ein spontanes Handeln sein. Motiviert von etwas Tieferem als *meiner* Vorstellung, was geschehen sollte. Es ist die Bereitschaft zu sterben, bevor der Körper stirbt. Und der Rest der karmischen Dynamik dieses Körpers wird gut genutzt werden. Ansonsten wird er von einem vorgestellten *Ich* missbraucht, das eine Wahl zu treffen versucht. Das *Ich* versucht, herauszufinden, was hier falsch läuft und wo es eigentlich langgehen sollte. Es versucht, die Umstände zu verändern, um das Leben angenehmer zu machen. Es ist nichts verkehrt an einem bequemeren Leben. Es wäre wunderbar, wenn jeder in der Welt ein bequemes und sicheres Leben hätte. Aber wenn du vorrangig damit beschäftigt bist, dir so ein Leben zu erschaffen, dann entsteht daraus Leiden. Wenn du das aufgibst, wird dein Leben so schön, unabhängig von den Umständen. Egal, ob als Hausfrau oder als Präsident eines Unternehmens. Beides können Versionen der Hölle oder des Himmels sein. Der Himmel ist *hier*, genau *jetzt*, genau mitten in der Hölle.

F: Ich habe Angst, das Leiden aufzugeben. Das Leiden kenne ich.

E: Dann leide weiter. (Lacht). Ich lache nur, damit ich nicht weinen muss. Ist es nicht schmerzvoll? Das ist wie der schwarze Sklave, der so oft zusammengeschlagen wurde und trotzdem noch erzählt: »Oh, ich liebe den Massa, ich liebe den Massa.« Heute ist Befreiungstag, Bruder! Aber du willst das Sklavenviertel nicht verlassen. Es ist so gemütlich. Du gleichst einem Kind, das in seinem Pipi schläft, weil es warm ist. *Keiner kann dir die Entscheidung für Freiheit abnehmen.*

Die Torwächter:
Angst und Zweifel

Der Weg nach Hause führt durch die Angst. Doch wir sind geradezu süchtig danach, in den Kopf zurückzuschalten. Fühle die Angst und lade sie ein, sogar noch stärker zu werden! Lass alle Ängste deines Lebens kommen. Jetzt! Es ist ein guter Tag, um zu sterben. Hinaus aus den Gedanken, hinein in die Angst! Als würdest du in einen Brunnen fallen, der keinen Rand und keinen Boden hat. Er erscheint wie ein Ozean aus Angst und du fällst noch tiefer hinein. Dann fühlst du diesen Kern geballten Terrors. Etwas, was du nie fühlen wolltest. Ja, das ist dein Gefängnis. Dein Gefängnis hat Mauern aus Angst davor, was sich auf der anderen Seite befinden könnte. Wenn du es wirklich satt hast, eingemauert zu sein, dann macht es nichts mehr, dass du Angst hast. Wenn du wirklich fliehen willst, ist es dir egal, ob du Angst hast.

Hör auf, dich mit den Zweifeln zu beschäftigen und sieh allem ins Gesicht. Die Angst vor dem Tod ist die tiefgreifendste Fessel. Sie hält dich als Sklaven. Sie macht Freiheit so selten. Freiheit kann man nicht einfach so bei McDonalds einkaufen. Sie ist auch kein Abenteuer irgendwo weit weg. Sie ist die Bereitschaft, der Angst vor dem Tod ins Auge zu schauen. Diese Angst hält jeden im Kreis des Egos gefangen. Irgendwann kommst du an einen Punkt, an dem es dir wichtiger ist zu wissen, wer du bist, auch wenn der Körper stirbt. Lieber frei mit einem toten Körper als ein Sklave in einem lebenden Körper. Das ist der Anfang eines sehr schönen Erblühens.

F: Ich hatte bei dir tiefe Erfahrungen von Stille. Doch als ich wieder in

die Stadt zurückkam, begann die alte Mühle in meinem Kopf wieder zu
mahlen. Was kann ich tun?

E: Das Mahlen ist ein Nebenprodukt. Dein Grübeln basiert auf etwas
Tieferem. Dein ganzer innerer Dialog ist deine Art, Angst zu vermeiden. Hör damit auf und fühle die Angst. Fühle sie voll und ganz,
ohne dich davon abzuwenden. Dann wird all die Angst aufsteigen,
die du mit deinen Selbstgesprächen ferngehalten hast. Dein Selbstgespräch hält die Ängste im Unbewussten. Wenn du dich ihnen
direkt aussetzt, wenn du mitten in diesen Terror hineinspringst,
kannst du dir zehn Jahre Psychoanalyse sparen. (Lachen). Das Selbstgespräch im Kopf ist nur ein Nebenprodukt der Angst. Wenn du bereit bist, die Angst zu erfahren, findest du darunter Liebe. Die Angst
wird dein Lehrer. Sie zeigt dir, wo du immer noch anhaftest, ein
Jemand zu sein. Diese Vorstellung, ein *Jemand* zu sein, erzeugt die
Angst und die Angst kreiert die Aktivitäten des Verstands. Geh
zurück an den Ursprung des Leidens. Was auch immer deine Ängste
sind, sie alle sind verbunden mit der Identität eines *Ich*. Wenn diese
falsche Identifizierung aufgedeckt wird, dann steht nichts mehr der
Liebe und der Stille im Weg, die du bist.

F: Aber dann kommt die Angst zu handeln.

E: Ja, das ist die große Angst. »Was werde ich tun?« Die Wurzel der
falschen Vorstellung eines *Ich* ist die Idee, dass *ich* etwas tue. Damit
verbunden ist die Angst, was *ich* tun sollte und woher *ich* wissen
kann, was zu tun ist. Und wie kann *ich* es richtig machen? Das alles
werden Mantren. Mit diesen Selbstgesprächen willst du dir das Gefühl geben, du hättest alles unter Kontrolle.

❧

F: Ich habe Schwierigkeiten, in die Stille zu gehen. Ich betäube mich
eher.

E: Zwischen dir und der Stille ist Angst. Heiße die Angst willkommen. Wenn du ganz in die Angst hineinsinkst, findest du dahinter

die Stille. Nimm wahr, wie die Gedanken der Angst aufsteigen und lass sie wieder zurücksinken.

Stille ist immer da. Immer. Du magst dich von ihr entfernen oder wieder zu ihr zurückkommen. Das geheime Tor ist die Angst. Wenn du viel Lärm in deinem Kopf hast, bedeutet das, dass da Angst ist, die du vermeidest. Die Angst ist im Hintergrund immer da gewesen. Sie hat alles angetrieben und die Entscheidungen getroffen: »Sollte ich das tun oder jenes?« Aber jetzt bist du nicht länger eine Dienerin der Angst. Werde eine Dienerin der Stille. Liebe sie, rufe sie, denke an sie, gib dich ihr hin.

F: Wenn ich allein bin, liebe ich es, in Stille zu sein. Aber wenn ich in meinem Job bin, verliere ich sie wieder.

E: Schau, das Problem ist, wenn du allein bist, gibt es keine Reize. Also wird dieses *Ich* nicht untersucht. Es ist nicht im Vordergrund präsent. Es bleibt im Hintergrund. Doch sobald eine Gefahr oder ein Risiko da ist oder etwas, was das *Ich* zu tun hat, tritt es in den Vordergrund. Dieses *Ich* muss untersucht werden, denn es ist derjenige, der den Job macht. Und das macht es so anstrengend. Es lässt dich auch keine besonders gute Arbeiterin sein. Dein Job würde viel glatter laufen, wenn *du* nicht anwesend wärst, wenn nicht ständig jemand darüber nachdenken würde, was zu tun ist, was das Richtige wäre und all diese Geschichten ablaufen ließe. All das ist die Vermeidung der Angst vor dem Tod. Frage dich, was du wirklich willst. Wenn du wirklich frei sein willst, bist du bereit, dem Tod ins Auge zu schauen, ihn willkommen zu heißen. Natürlich macht es schreckliche Angst, aber du willst frei sein. Dann gehst du durch den Tod hindurch und findest, was nicht stirbt. Sei furchtlos. Furcht taucht auf, doch *Du* bist furchtlos. Deine Reife ist die Bereitschaft, dich endlich damit zu konfrontieren. Alles andere, was du versuchst, wird nicht funktionieren, sei es der Versuch, das Denken zu beruhigen, die Angst zu verdrängen oder die Umstände zu verändern. Selbst wenn du die Arbeit wechselst, wirst *du* immer noch auftauchen.

F: Ja, ich vermeide das und gehe in meinen Kopf. Dem Tod ins Auge zu schauen, bedeutet das, einfach zusammenzubrechen?

E: Es geht nicht um Zusammenbrechen. Du kennst nur diese zwei Extreme. Entweder du setzt dich unheimlich unter Druck oder du fällst in dich zusammen und dann willst du, dass es jemand anders für dich tut. Es ist keins von beiden. Es ist die Bereitschaft, den Tod einzuladen, um herauszufinden, wer stirbt. In dieser Bereitschaft werden Ängste hochkommen, dieser ganze Stapel von Ängsten, die letztlich auf der Angst vor dem Tod basieren. Das funktioniert wie ein Springteufel in seiner Schachtel: Die Angst wird runtergedrückt und jedes Mal, wenn die Feder versucht, sie wieder nach oben zu schieben, drückt der Verstand dagegen. Es ist wie ein Perpetuum mobile. Der Druck der Angst treibt den Verstand an. Schließlich bist du bereit, die Schachtel zu öffnen. »Buh!« macht der Springteufel und saust heraus! (Lacht). Dann siehst du, dass es nur ein Spielzeug war.

&

F: Seit zwei Wochen erlebe ich Todesängste und habe das Gefühl, verrückt zu werden.

E: Verrücktwerden ist die Vermeidung der Angst vor dem Tod. Geh direkt in die Todesangst. So erwachte Ramana, der Guru meines Gurus. Als sechzehnjähriger Junge bekam er schreckliche Angst vor dem Tod, also legte er sich hin, um herauszufinden, *wer* stirbt. Dies ist deine Gelegenheit. Wenn du bereit bist zu sterben, kannst du sterben, bevor dein Körper stirbt. In Wirklichkeit stirbt nichts. Die Vorstellung von *dir* stirbt. Nur die Vorstellung von dir als ein Stück Fleisch stirbt. In der Begegnung mit dem Tod findest du heraus, dass der Tod ein großartiger Lehrer ist. Aber wenn du nicht bereit bist, dich ihm zu stellen, dann fällst du zurück in deine Selbstgespräche und machst dich verrückt. Nicht der Körper ist das Problem, sondern die Vorstellung, dass da *jemand* ist, der über den Körper Kontrolle hat. Diese Idee von einem *Jemand* muss dem Tod ins Gesicht schauen. Dann findest du heraus, was nicht stirbt. Wenn du dich selbst als das erkennst, was nicht stirbt, dann wird der Körper ein Geschenk. Er wird wertvoll. Doch wenn du den Körper als wertvoll ansiehst, bevor du durch den Tod gehst, dann identifizierst du dich mit ihm und verteidigst ihn, als ob er wertvoll wäre.

Wenn du willst, dass die Angst vor dem Tod aufhört, verpasst du eine großartige Gelegenheit. Es gibt viele Möglichkeiten, diese Angst auszuschalten, z. B. durch die Pharmaindustrie. Die meisten Menschen wollen die Angst am liebsten nur betäuben. Solange du dich mit dem Körper identifizierst, trägst du diese Angst in dir. Der Körper wird sterben, so viel ist sicher. Es gibt eine Ebene, auf der du das entweder leugnest oder schreckliche Angst davor hast. Die meisten richten sich auf einen so bequemen Schlaf ein, dass sie dieses Gefühl nie spüren müssen. Wenn es jemals hochkommen sollte, gehen sie und holen sich ein Rezept. Die meisten Alkohol- und Drogenabhängigen, mit denen ich gearbeitet habe, hatten Angst vorm Sterben. Sie sind sich dessen mehr bewusst als die meisten, also versuchen sie, es stärker zu unterdrücken. Es gibt in uns die tiefe Angst, dass der Körper sterben könnte, sei es durch Verhungern, Krebs oder was auch immer. Der Körper *wird* sterben. Das ist sicher. Wenn du bereit bist, die Angst vor dem Tod einzuladen und sagst: »Okay, komm und hole mich«, dann durchtrennst du diese Identifikation. Dann bist du frei von Todesangst. Du wechselst auf die andere Seite und findest heraus, was nicht stirbt.

Sonst treibt diese Todesangst alles an. Du begründest vielleicht alles, was du tust, spirituell, aber darunter liegt diese nicht untersuchte Angst. Du hast großes Glück, diese Angst zu haben. Nutze sie! Lade sie ein, stärker zu werden. Sage dir: »Es ist ein guter Tag zum Sterben. Ich muss die Wahrheit finden. Die Wahrheit ist wichtiger.« Die Angst ist das geheime Tor nach innen. Du entdeckst, was nicht stirbt. Der Kampf hört auf. Du ruhst in dem, was nicht stirbt. Das ist der Beginn des Lebens. Wenn du der Angst irgendeine Bedeutung verleihst, gibst du ihr Kraft, dann gewinnt sie. Doch Angst hat keine Bedeutung. Wenn Angst aufsteigt, dann fühle die Angst. Irgendwann geht die Angst und etwas anderes wird auftauchen. Du fühlst es … und es vergeht. Alles kommt … und geht, außer dem, was du bist. Ereignisse kommen und gehen. Du bist immer hier. Bewusstsein ist immer hier. Versuche nicht, der Angst aus dem Weg zu gehen, lade sie ein. Zweifel ist die Vermeidung der Angst. Du lebst in deinem Kopf und erzählst dir selbst alles Mögliche, um die Angst nicht zu spüren. Wut und Traurigkeit lassen sich oft leichter fühlen. Im Tierreich ist es dasselbe: Tiere, die Angst zeigen, haben kein leichtes Leben. Sie werden gejagt. Also erscheine ich lieber aggressiv oder süß und harmlos.

F: Gibt es keine heilsamen Zweifel?

E: Nein. Weisheit offenbart alles. Wenn es Grund zu Misstrauen gibt, zeigt es sich organisch, nicht durch deinen Kopf. Du riechst es, du schmeckst es, du fühlst es, da gibt es keinen Zweifel. Zweifel ist Fixierung. Solange du glaubst, der Zweifel hätte dich etwas zu lehren, wirst du die Fixierung vertiefen und verteidigen.

Zweifel ist eine Allgemeinkrankheit des Verstandes. Wer bist du? Bist du Zweifel?

Zweifel ist deine mentale Angst, in das Unbekannte zu fallen. Er hilft dir, deine Position zu verteidigen. Du kannst ihn behalten. Das einzige Problem ist, dass es dadurch einen Leidensfleck mehr auf Mutter Erde gibt. Wenn du Erfahrungen der Wahrheit hattest, weißt du, dass es da keinen Zweifel gab.

Du hast eine Erfahrung der Wahrheit und dann taucht Angst auf.

Aus der Angst kommt der Zweifel.

Und mit dem Zweifel kommt die Geschichte.

Und aus der Geschichte kommt die Verteidigung.

Und aus der Verteidigung kommt die Projektion.

Und durch die Projektion fühlst du dich verraten von dem Anderen. Die Angst, weder dem Innen noch dem Außen vertrauen zu können. Und weil du dich verraten fühlst, gehst du in eine Pseudounabhängigkeit: »Das Einzige, dem ich vertrauen kann, ist der Zweifel.« Das ist der Wahnsinn des Verstandes.

Die Fragen »Was ist das Richtige? Was sollte ich tun?« sind Mittel, um die Angst zu vermeiden. Du hältst dich an deinem Verstand fest, um nicht in die Angst zu fallen. Dadurch bist du nicht mehr im Augenblick präsent. Wenn du bereit bist, die Angst einzuladen, dann verliert sie ihre Macht über dich. Deine natürliche Intuition spricht in Stille. Wenn du zu viel zu dir selbst sprichst, kannst du sie nicht hören. All diese Selbstgespräche verstopfen dich. Wenn Zweifel auftaucht, nähre ihn nicht. Nimm ihn nicht persönlich. Er hat nichts, was er dich lehren könnte. Er ist nur ein weiterer vorüberziehender Gedanke.

F: Ich fühle ein inneres Brennen. Ich habe oft starke Energieschübe und habe dann Angst, dass ich mich auflöse.

E: Wer du bist, kann mit allem umgehen. Wer du glaubst zu sein, existiert nicht. So gibt es nichts zu verlieren. Wenn sich die Person, die du zu sein glaubst, auflöst, dann erkennst du, wenn du ruhig bist, wer du wirklich bist. Was bleibt übrig, wenn alles verbrannt ist? Was bleibt übrig, wenn du das erträgst, von dem du glaubst, dass es unerträglich ist?

Deine Zweifel sind wie ein Schuss Heroin. Du bist abhängig davon und denkst, du brauchst noch einen Schuss. Aber diese Schüsse können dir nichts Neues geben, nichts Frisches. Lass alles rauskommen. Gesund zu sein bedeutet, im gegenwärtigen Moment zu sein. Im gegenwärtigen Moment zu sein bedeutet, tiefer zu fallen und alles zu erfahren.

❧

F: Mein Vater hat mich früher oft ins Gesicht geschlagen. Ich selber habe das manchmal aus Selbsthass auch gemacht. Ich fühlte mich oft minderwertig. Wenn ich dir in die Augen schaue, spüre ich, dass mein Wertgefühl langsam zurückkommt.

E: Dein Wert ist tiefer. Wenn du ein Pferd hast und es die ganze Zeit schlägst, dann entstehen Wunden. Das Pferd entwickelt merkwürdige Verhaltensweisen. Es wird wild und unberechenbar. Wenn du dich dann dem Pferd mit Liebe näherst, traut es dir zuerst nicht. Es versucht, dich zu beißen. Aber das macht nichts, wenn es dich beißt. Du begegnest ihm weiter mit Liebe und bist sanft zu ihm. Und langsam lernt das Pferd zu vertrauen. Es kann so sanft sein. Es ist nicht mehr notwendig, Gewalt anzuwenden, weder innerlich noch äußerlich. Und wenn das Pferd ganz sanft ist, dann kannst du es sehr schön pflegen und gut dafür sorgen. Der Alptraum ist vorbei. *Hier, jetzt* ist die Liebe. Lass uns schauen, wie sanft das Pferd sein kann.

F: Wenn mein Partner aggressiv und rechthaberisch ist, zweifle ich oft an mir und gebe ihm Recht. Dadurch verletze ich mich selbst immer wieder.

E: Das muss enden, indem du die Angst fühlst, ohne in den Kopf und den Zweifel zu gehen. Dann bist du eine unbewegliche Kraft. Es erfordert von dir, ein makelloser Krieger zu sein. Wenn dann seine Fixierung (konditionierte Persönlichkeit) dagegenprallt, prallt sie zurück, weil es keine Stelle zum Anhaften gibt. Solange es irgendeinen Zweifel in dir gibt, packt sie dich an der Kehle.

❧

F: Gestern Nacht bin ich aufgewacht und hatte schreckliche Angst. Ich wusste nicht mehr, ob ich einen Körper hatte und wo meine Arme und Beine waren, bis ich sie berührte. Dann kamen plötzlich Bilder aus der Kindheit.

E: Deine Kindheit ist bereits eine Geschichte. Du erwachtest in einem Moment von Klarheit. Du wusstest nicht, wer du warst. Das machte dir Angst, also fingst du an, dich wieder zusammenzusetzen. Du berührtest dich, um sicherzugehen, dass es dein Körper ist und jetzt schläfst du wieder in einem Film, den du Realität nennst. Der Film handelt von deiner Kindheit und deinem Bedürfnis, darüber zu reden. Du bist sicher in deinem Glauben, das seist du. Aber durch Gnade wurdest du berührt. Du hattest einen Moment, in dem du *nicht wusstest*. Alles danach war nur erneute Identifikation mit dem Traum. Komm zurück zum Nichtwissen! Es ist immer hier. Du hattest eine sehr gute Chance in dieser Nacht. Du wusstest nicht, wer du warst. Was für ein Moment der Gnade! Bleibe dem treu, verkaufe dich nicht, setze dich nicht wieder zusammen. Bleibe frei von jeder Vorstellung.

❧

F: Vor zwölf Jahren hatte ich eine Psychose. Es passierte, während ich an einer Therapiegruppe teilnahm, um meine Freiheit zu finden. Das war mit sehr viel Angst verbunden. Später fand ich einen Therapeuten, der mich noch einmal zurück in die Psychose begleitete und mir half, diesen Zustand anzunehmen und durch ihn hindurchzugehen. Diese extremen

Zustände halte ich inzwischen gut aus, doch bei kleinen, alltäglichen Ängsten bin ich oft wie gelähmt.

E: Du wolltest Freiheit und hast Angst bekommen. Was bedeutet es, frei zu sein?

F: Bewusst und liebend zu leben.

E: Zwischen dem Egozustand des selbstsüchtigen Lebens und einem Leben in bewusster Liebe gibt es eine fiktive Grenze. Diese Grenze wird von der Angst bewacht. Es ist ganz natürlich, Angst zu erleben, wenn du in Richtung Freiheit gehst. Wenn du im Gefängnis bist und fliehen musst, verursacht das große Angst. Wer weiß, was passieren könnte. Die Wächter könnten dich erwischen und dich erschießen. Vielleicht kommst du nicht lebend heraus; trotzdem willst du es so sehr. Selbst in Angst gehst du weiter. Du hast da etwas missverstanden, als die Angst begann: Angst ist natürlich. Sie bewacht die Grenze. Wenn du dagegen kämpfst, kannst du dich damit verrückt machen.

F: Mir ist klar geworden, dass ich mich selbst verrückt gemacht habe.

E: Das ist richtig. Um das zu erkennen, musst du eine sehr gesunde Psyche haben. (Lachen). Der Wunsch nach Freiheit ist gut. Das Auftauchen der Angst ist auch gut. Wenn du erkennst, dass du sie selbst ausgelöst hast, kannst du inmitten der Angst, selbst im erschütterndsten Terror vollkommen ruhig sein. Du willst die Freiheit so sehr, dass du bereit bist, dafür durch das Feuer zu gehen.

☙

F: Ich kenne die Momente, in denen ich vertraue und fühle, dass alles richtig ist. Doch dann zweifle ich, ob ich mir wieder etwas vormache.

E: Mit *diesem* Gedanken machst du dir etwas vor. Wenn du die Erfahrung machst, dass alles perfekt ist, wie es ist, dann berührst du ein Stück der Wahrheit. Es ist ein Geschmack von ihr, ein kleiner

Krümel. An diesem Punkt kannst du tiefer gehen und die Tiefe der Wahrheit erforschen, oder du gehst zurück zu deinen neurotischen Mustern: »Oh, ist das richtig? Wie kann das gehen? Kann ich dem vertrauen?«

☙

F: Ich habe Angst, in die Stille zu gehen. Dem geht ein großes Gefühl der Einsamkeit voraus. Dann lenke ich mich ab, um mich nicht so allein zu fühlen.

E: Du *bist* allein. Es gibt nur *Eines*. Wirklich. Als ein Ego bist du nie allein. Überall gibt es Hilfe. Wenn du bereit bist, die Tiefe der Einsamkeit im Innern zu fühlen, dann entdeckst du, dass Alleinsein All-Eins-Sein bedeutet. Wörtlich. Du musst bereit sein, durch die Traurigkeit zu gehen, durch die Hoffnungslosigkeit, in die Verzweiflung. Dann fällst du in das schwarze Loch, das du dein ganzes Leben lang vermieden hast. Du hast immer gewusst, dass es da ist. Aber du hattest Angst davor. Es ist das geheime Ausgangstor.

☙

F: Ich bin mir in meinen engen Beziehungen oft nicht klar darüber, was ich tun soll.

E: Wenn du sagst, du bist nicht klar, dann bedeutet das, dass du dich für die Angst entschieden hast. Wenn du die Angst gewählt hast, dann gehst du in deinen Verstand und denkst darüber nach. Du versuchst dann, mit der geistigen Verwirrung die Angst zu rechtfertigen. Selbst wenn du Angst fühlst, ist das egal. Entscheide dich für das, wovon du weißt, es ist wahr. Dann ist frische, unschuldige Liebe da. Was auch immer geschieht, du bist mit frischer, unschuldiger Liebe dabei und dein Herz leitet dich, das führt. Wenn Angst da ist und du beginnst, im Kopf mit dir selbst zu sprechen, ist es ganz egal, was in deinem Kopf vorgeht. Wahrscheinlich sind es Rechtfertigungen. Es ist völlig egal. Sie sind nur ein Zeichen, dass Angst aufgestiegen ist und dass du dich entschieden hast, der Angst zu folgen statt dem Herzen. So einfach ist das.

∽

F: Meine Angst macht eine Metamorphose durch, seit ich dich kenne. Ich fühle jetzt Angst, ohne einen Grund dafür haben zu müssen.

E: Wenn Angst keine Bedeutung hat, bist du frei davon. Sie kann da sein oder nicht. Das löst die Anhaftung auf. Solange Angst eine Bedeutung hat, hast du ein Suchtverhältnis zu ihr: »Ich muss die Angst fernhalten ... ich habe Angst, das bedeutet, ich muss etwas tun ...« Reine Angst wird transformiert. Dann merkst du, dass das, was du Angst genannt hast, ein Aufblitzen von Lebendigkeit ist.

F: Warum habe ich in der Anwesenheit des Göttlichen immer so große Angst? Das ist schrecklich!

E: Was schrecklich ist, ist, dass du der Angst dienst. Also hör auf damit. Hab Angst *und* folge deinem Herzen. Sonst bezahlst du mit deinem Leben. Weil du ein Sklave der Angst bist, kommt die Angst immer wieder. Was wäre, wenn die Angst nie weggeht? Heißt das, du wirst dich nie deinem Herzen hingeben? Du wirst nie hineintauchen? Es liegt bei dir. Lade die Angst ein, lass sie sogar noch stärker werden und folge trotzdem deinem Herzen. Gib dich dennoch dem Göttlichen hin. Dein ganzes Leben drehte sich um diese Suche. Jetzt hast du gefunden, wonach du gesucht hast und willst dich abwenden, weil du Angst hast.

∽

F: Heute Morgen, als du zu mir sprachst, hörte ich deine Worte nicht mehr, sondern erfuhr eine tiefe Öffnung des Herzens und Liebe. Doch dann wurde ich plötzlich sehr unsicher, ging in den Kopf und verlor es wieder. Warum verliere ich diese Liebe immer wieder? Das passiert mir im Alltag sehr oft.

E: Du hattest einen Moment, in dem dein Herz offen war. Die Welt hielt an. Du bekamst einen Geschmack von der Realität. Warum du es wieder verloren hast? Weil du in die Fixierung, in die konditionierte Persönlichkeit zurückgegangen bist wie ein Drogenabhängiger. Hör auf. Gib deine Droge auf. Deine Droge heißt Angst, Zweifel und Sicherheit. Rühr sie nicht an. Es ist Gift. *Sei bereit, unsicher zu sein. Darin entdeckst du wahre Sicherheit.* All deine mentalen Vorstellungen haben dir nie Sicherheit gegeben, nur ein Leben in Sklaverei, das auf der Vorstellung von Sicherheit beruht. Heiße die Unsicherheit willkommen; dann findest du wahre Sicherheit. Du findest das, was nicht stirbt. Alles andere ist eine Sandburg. Durch Gnade hattest du eine Öffnung. Du hast etwas von dem gekostet, was jenseits deiner kleinen Welt von Sicherheit liegt. Jetzt hast du die Wahl, wem du dienen möchtest. Wenn du den Geschmack, der dir gezeigt wurde, mehr liebst als Sicherheit, wirst du ihm dienen, selbst wenn du Angst hast.

&

F: Ich habe erkannt, dass die Angst mein ganzes Leben angetrieben hat. Ich bin immer davor weggerannt. Hier habe ich die Liebe entdeckt. Jetzt bin ich bereit, mich dieser tiefen Angst in mir zu stellen. Es ist die Angst, allein zu sein und einfach zu verschwinden.

E: Diese Bereitschaft führt dich direkt zum Kern. Wenn du den vollen Terror spürst, vollkommen allein, hoffnungslos und hilflos, kannst du einfach in dieses schwarze Loch fallen und verschwinden. Falle hindurch und lass mich wissen, was darunter ist. Falle weiter hinein. Sinke immer tiefer, als wenn du in einen Brunnen ohne Grund sinkst. Während du ganz in den Brunnen sinkst, wird dein gesamtes Leiden zurückgelassen. Deinen Namen, deine Vergangenheit lässt du oben zurück. Was bleibt? Lass die Stille so laut werden, dass sie das Einzige ist, dem du lauschen willst. Du bist bereit, all deine Dämonen einzuladen, um das Leid verbrennen zu lassen. Dann findest du das reinigende Feuer, das die Schatten verbrennt.

F: Warum habe ich so oft Angst?

E: Wenn du der Angst ins Gesicht schaust, siehst du sehr klar, dass sie keine Ursache hat. Das durchtrennt die Verbindung zu dem Gedanken, was sie bedeuten mag. Du erfährst dann die Angst an sich und entdeckst, dass sie dich ins Grenzenlose führt. In Wirklichkeit ist es deine eigene Shakti, die dich in die Leere führt. Sie lässt dich in dich selbst hineinfallen, um dir die Weite zu offenbaren. Wenn du der Angst Ursachen zuschreibst, fühlst du dich abgeschnitten und »jemand« tut dir das an. Das ist die Hölle. Aber du kannst in jedem Moment aufhören und die Geschichte einfach beiseite legen. Denn es sind nur Gedanken, und Gedanken sind nicht real. *Du* bist real und du hast immer die Freiheit, den Gedanken kein Gehör zu schenken, auch wenn sie da sind. Die Angst ist eine Fata Morgana, und du musst sie erst erschaffen. Sie ist nicht real. *Du* bist real. Was für eine Erleichterung!

∽

F: Mein ganzes Leben lang habe ich Angst. Sie isoliert mich und trennt mich von den Menschen in meiner Umgebung. Gestern überkam sie mich sehr stark, obwohl ich sie nicht eingeladen hatte.

E: Wenn die Angst nicht eingeladen ist, terrorisiert sie dich. Angst sind die Grenzen des Gefängnisses. Etwas Tieferes ruft dich. Je länger du festhältst, umso mehr verlängerst du das Leiden. Schau, woran du festhältst, ist ein Leben in Isolation und Terror. Da ist eine eingebildete Mauer der Angst zwischen dir und der Liebe. Sie ist eingebildet. Aber du hast Angst davor, weil du dir selbst eine Geschichte erzählt hast und sie glaubst. Und so verschließt du dich selbst in der kleinen Schachtel. Voll schrecklicher Angst suchst du in dieser kleinen eingebildeten Schachtel nach Liebe. Dabei schwimmt die Schachtel in einem Ozean aus Liebe! Finde heraus, was du willst und gib dich dem hin. Du hast nichts zu verlieren und alles zu gewinnen.

F: Ich bin oft ängstlich oder zweifle. Doch ich finde keinen Zugang zu der tiefen Angst.

E: Ängstlichkeit ist Angst plus Geschichte. Zweifel ist Angst plus Geschichte. Wenn du in der Geschichte bleibst, hast du keinen Zugang zu der Angst. Wenn die Angst sich zeigt, lade sie ein und leg die Geschichte dazu beiseite. Wenn dein Verstand mit einer Geschichte beschäftigt ist, ist das einfach die Vermeidung der Angst.

F: Ich habe große Angst zu ersticken. Ich glaube, dass es meine Mutter ist, die mich immer noch umklammert hält.

E: Puh! Nein! Das hat mit deiner Mutter nichts zu tun. Keine Ausreden mehr! Halte diese Angst aus und gib niemandem die Schuld dafür! Es ist nur dein eigenes Karma. Es ist die Summe der guten und schlechten Erfahrungen deiner vergangenen Leben.

❧

F: Ich habe oft einen ganz verkrampften Bauch, weil ich unter dem Druck stehe, es anderen recht zu machen.

E: Ja, das alles entsteht durch die Vermeidung deiner eigenen Angst. Das Gefühl im Bauch entsteht, weil du es nicht als Emotion fühlen willst. Etwas für jemand anderen zu tun ist eine Strategie, um das zu vermeiden, was hier ist. In deiner Bereitschaft zu fühlen, was hier ist, dienst du jedem. Ja, Angst kommt. Zuerst ist da ein Flüstern. Nur ein leises Rascheln. Wenn du es nicht annimmst und so tust, als wäre es nicht da, wird es ein Rütteln. Wenn du das immer noch ignorierst, wird es ein Schütteln. Wenn du es immer noch ignorierst, wird es ein Sturm. Und wenn du es immer noch ignorierst, packt es dich bei der Kehle.

❧

F: Ich werde schon mein ganzes Leben lang von Überlebensangst verfolgt. Wie kann ich diese Angst heilen?

E: Indem du ihr direkt ins Auge schaust. Indem du sie einlädst. Ohne zu kämpfen, ohne Widerstand zu leisten, ohne zu kontrollieren. Es geht nicht darum, die Kontrolle zu bekommen. Es geht darum, alle Kontrolle aufzugeben. Der Gedanke an die Aufgabe jeder Kontrolle löst oft die Angst in uns aus, verrückt zu werden. Das bedeutet es nicht. Die Kontrolle aufgeben bedeutet nicht, sich gehen zu lassen. Kein denkender Geist bedeutet nicht, gedankenlos zu sein. Kein denkender Geist bedeutet nicht, dumm zu werden. Es bedeutet, intelligent zu werden. Du gibst die Kontrolle ab an etwas Tieferes. Was ist, wenn du bereit wärst, die Angst zu fühlen und dich von ihr nicht mehr verfolgen zu lassen?

F: *Dann verliert die Angst ihre Macht über mich.*

E: Das ist richtig. In Wirklichkeit hat die Angst nie irgendwelche Macht gehabt. Du siehst dann, dass der Kaiser gar keine Kleider anhat. Du hast dich selbst mit schlechten Träumen in Angst versetzt.

❧

F: *Ich war in einem Raum von Liebe, doch dann begann ich zu zweifeln, ob ich mir nichts vormache.*

E: Dein Zweifeln an dir ist ein Gedanke. Dieser Gedanke hat nichts, was er dich lehren könnte. Er ist nie richtig. Vertraue ihm nicht. Bleib deiner Erfahrung treu. Bleib nie einem Gedanken treu. Selbst wenn du ihm wieder zugehört hast, es macht nichts. Als wenn dir eine vorbeiziehende Welle ins Gesicht gespritzt hat. Na und? Halt an. Wenn du anhältst, kannst du die nächste Welle sehen und sie wird dich nicht treffen.

Charakter und Fixierung

F: Meine größte Angst ist, ein Niemand zu sein.

E: Die große Angst des Ego ist, ein Niemand zu sein. Aber da ist immer noch ein Glaube an *einen* Niemand.

Du bist unsichtbar, das ist die Wahrheit. Unsichtbarkeit ist so ein kostbares Geschenk, so eine Freude, so eine Liebe. Doch für deine Vorstellung, dass du ein Jemand sein solltest, ist sie sehr erschreckend. Jedes Ego hat dieselbe Struktur, die auf der Angst basiert, ein Niemand zu sein. Tief innerlich verbirgt sich Verzweiflung darüber, denn wenn du ins Zentrum des Ego gehst, ist nichts da. Und jedes Ego ahnt, dass nichts da ist. Darum entwickelt es verschiedene Strategien, um damit umzugehen, z.B. Selbsthass und den Versuch, diesen Selbsthass zu vermeiden, indem du versuchst, von anderen die Liebe zu bekommen. Bei manchen ist es Angst und der ständige Drang, immer etwas zu tun. Andere jagen der Wollust, dem Vergnügen hinterher, um nicht zu spüren, dass nichts da ist. Das ist der große Witz. Da ist wirklich nichts da, und das ist eine gute Nachricht! (Lacht). Und dann erkennst du: Dieses Nichts ist Totalität. Es ist alles. Es hat keine Grenzen. Dann erfährst du dich selbst als absolute Leere, als absolute Weite, die alles liebt. Keine Grenzen, kein Raum, keine Zeit, Nichts. Wenn du dich als *Das* erfährst, ist das Weisheit. Tatsächlich ist diese Leere voll. Sie füllt alles. Alles ist aus ihr gemacht. Alles schwimmt in ihr. Alles atmet *Es*. *Es* ist voll, homogen, überall. *Das* ist Liebe. Die Erfahrung deiner selbst, als kleines Teilchen, leer und voll, eine Rolle spielend, scheinbar in einen Körper inkarniert, das ist Lila.

Wenn wir hier über das Enneagramm sprechen, dann nur deshalb, um die verschiedenen Stile des Tuns aufzuzeigen. Die verschiedenen Arten, sich vorzustellen, es gäbe einen Jemand, der etwas tut. Du nimmst das Auftauchen von emotionalen und mentalen Wellen wahr und nennst es *Ich*. Wenn du realisierst, dass du die Quelle bist, aus der alle Wellen aufsteigen, dann können die Wellen kommen und gehen. Sie berühren dich nicht. Wenn du glaubst, dass du eine Welle bist, dann baust du eine Menge Energie auf und bewegst dich sehr schnell. Du fühlst, wie du dich schneller und schneller drehst, bis du zusammenbrichst und dich zurückziehst. Dann sammelst du wieder Energie, bringst sie wieder ins Rollen, fühlst dich selbst drehen und brichst zusammen. Dann ziehst du dich wieder zurück ... Und dann fragst du dich: »Gibt es denn so etwas wie einen Ozean?«

Deine Fixierung kennenzulernen, dient nur der Möglichkeit, das zu erkennen, was du nicht aufgeben willst. Wenn du bereit bist, alles anzuschauen und dich nicht zu bewegen, dann gibt es keine Fixierung. Fixierungen sind nur verschiedene Arten des Weglaufens. Wenn du aufhörst wegzulaufen, dann legst du alle Werkzeuge nieder. Du stoppst all deine Strategien, all deine Visualisierungen, all deine Mantras, all deine Schutzgötter. Alles. Wenn alles aufhört, bist du nackt und allein. Das macht Angst. Deshalb nähern sich die meisten dieser Stille nie. Oder wenn sie es tun, laufen sie schnell wieder zurück. Wenn du nackt und allein bist, stellst du dich deinem Selbst. Du lädst alles ein, was im Weg ist, um zu zeigen, dass du dich nicht bewegen lässt. Dann wirst du sehen, was tiefer ist. Das bedeutet für alle Fixierungen, dem Zweifel abzusagen. Der Zweifel bringt dich nirgendwohin. Er führt dich nur im Kreis herum. Er hat keine Weisheit. Er ist die Verdeckung der Weisheit.

Alles, was wir hier tun, ist, den Mythos des Persönlichnehmens zu zerstören. Alles, was du willst, wird entdeckt, wenn du nichts persönlich nimmst. Dann findest du alles, wonach du suchst. Du entdeckst dein Zuhause. Du entdeckst wahre Liebe ohne ein Objekt. Wahre Erfüllung. Dann nutzt du dein Leben auf wunderbare Art.

Als ich zum ersten Mal meinen Lehrer traf, war ich ein Workshop-Leiter, der das Enneagramm lehrte. Ich dachte: »Das kann ich nicht weitermachen. Was soll das für einen Sinn haben? Jeder soll einfach nur meinen Lehrer treffen, und seine Suche ist beendet.« Aber Papaji sagte zu mir: »Nein, mach damit weiter. Zeig, dass sich nichts verändern muss.« Du musst nicht deine Karriere verändern oder deine Beziehungen. Du musst nur der Wahrheit treu bleiben. Sei bereit, dass sich alles verändert und dass sich nichts verändert.

∾

F: Was ist der Unterschied zwischen Fixierung und Charakter?

E: Fixierung ist die Imitation des Charakters. Eine bestimmte Fixierung z.B. imitiert Güte. Wahre Güte ist eine Qualität des Charakters. Sie gibt, ohne etwas zurückzuerwarten. Charakter bedeutet die Qualitäten der Seele. Wenn eine Seele entschleiert wird, ist ihre essentielle Natur Leere, Gewahrsein und Liebe. Diese Essenz der Seele nimmt verschiedene Erscheinungsweisen an. Freude, Güte, Frieden, Shakti, Gelöstheit in dir selbst, Reinheit. Das alles sind Erscheinungsweisen der Seele, der Liebe. Düfte der Stille. Die entschleierte Seele ist diese liebevolle, gütige, reine Kraft. Wenn das in der Charakterfixierung imitiert wird, wird daraus Zorn, Angst, Bedürftigkeit, Stolz, Neid, Gier und Wollust. Die Charakterfixierung verbirgt den Charakter. Wenn du die Fixierung entfernst, dann kommt der Charakter zum Vorschein.

∾

F: Offenbar gehen wir immer wieder zurück in unsere alten Muster, es passiert automatisch.

E: Das scheint nur so. Du bist Bewusstsein selbst. Du kannst an jedem Punkt anhalten. Solange die Identifikation mit deinen Mustern nicht durchtrennt worden ist, ist es unmöglich, die Muster zu beenden. Du versuchst, jedes einzelne Blatt vom Baum abzupflücken, und der Baum lässt immer neue Blätter nachwachsen. Wenn du an die Wurzel gehst, genügt ein Schnitt. Du musst einfach nur bereit dazu sein. Jetzt weißt du, wie. Es geht nicht darum, Konditionierungen zu verändern, sondern die Identifikation damit. Konditionierungen stammen aus dem Tierreich. Jedes Tier ist konditioniert. Es wird immer konditioniert sein. Das hat nichts mit dir zu tun. Außer, wenn du dich selbst für das Tier hältst. Dann kämpfst du gegen deine Konditionierung oder du gibst deiner Konditionierung nach. Oder du gehst zu verschiedenen Seminaren, um deine Konditionierung zu verändern.

∾

F: Ich benutze jede Möglichkeit der Ablenkung. Seit gestern habe ich Torschlusspanik, dass ich hier abfahre, ohne dass etwas passiert ist. Das macht mich traurig.

E: Du hast schon aufgegeben. Es ist hoffnungslos. Du fühlst Torschlusspanik, denn vielleicht öffnet sich dieses Tor nie wieder für dich. Und deine Antwort darauf ist, traurig zu sein. Wie ist das möglich? Es ist nur möglich, wenn du bereits davon ausgehst, dass du nicht hindurchkommst. Da ist keine Bereitschaft zu sagen: »Okay, wenn dies die letzte Chance ist, dann gehe ich hindurch.« Deine Wahl ist bereits getroffen. Und solange du dieser Entscheidung nicht ins Auge schaust, hat es keinen Sinn. Was willst du?

F: Ich möchte vollkommen frei sein.

E: Okay, wenn du vollkommen frei sein willst, bist du bereit, jeden Preis zu zahlen. Der Preis ist *derjenige*, der will. *Derjenige*, der frei sein will, gibt sich hin. *Derjenige*, der diese Worte hört, gibt sich hin und sagt: »Genug.« Sei bereit, dich nicht zu bewegen. Es gibt äußere Versuchungen und innere Versuchungen. Deine Tendenz ist es, wegzulaufen. Also bewege dich nicht, egal wie unbequem es wird. Ob es unbequem wird durch heftige Versuchungen im Außen oder heftigen Schmerz im Innern. Es hängt davon ab, wie sehr du frei sein willst. Je mehr du der Wahrheit treu bleibst, umso mehr vertiefst du dich. Du bekommst Charakter. Du wirst ein Mensch. Bis jetzt warst du ein kleiner Junge, der spielt. Die Charakterfixierung ist nur die Verdeckung des Mangels an Charakter. Wir benutzen mentale Strategien, um Charakter zu imitieren. Eine Vorstellung von Loyalität, eine

Vorstellung von Pflicht. Das alles sind Masken, die Charakter imitieren. Ein wahrer Charakter, ein wahrer Mensch ist auf natürliche Weise verantwortlich und erfüllt Pflichten. Da gibt es keinen Kampf und keine Versklavung deswegen. Es ist ein reiner Ausdruck deiner Liebe, und es hat nichts mit dir zu tun. Aber solange du in der Imitation bist, bleibt diese Vorstellung von Pflicht, die Vorstellung, was du tun solltest. Und du rebellierst gegen die Vorstellung und fühlst dich dann schuldig. Es ist die Hölle des Verstandes.

❧

F: Ich möchte dir danken. Seit gestern habe ich aufgehört, gegen die Wut, den Schmerz und die Trauer in mir zu kämpfen. Ich gebe mich dem jetzt hin, anstatt davor wegzurennen. Wie komme ich ganz aus meiner Fixierung heraus?

E: Der Ausweg aus jeder Fixierung ist derselbe: Geh auf die Verzweiflung zu. Jede Fixierung vermeidet Verzweiflung. Du bist sehr nahe dran an der Verzweiflung. Heiße sie willkommen. Lass sie dein Sterbebett sein, auf dem alle Vorstellungen von dir sterben können. Dann findest du, was tiefer ist. Hinter der Verzweiflung ist das schwarze Loch. Du fällst hinein und entdeckst deine Essenz. Dann siehst du die Wahrheit deiner Situation. Es gibt kein schwarzes Loch. Verzweiflung ist nur ein Produkt deiner Vorstellung. Alles basiert auf dieser illusionären Vorstellung von einem *Ich*. Die Verzweiflung ist die Hoffnungslosigkeit, all deine Wünsche jemals erfüllt zu bekommen. Lass alle Wünsche sterben in dem einen wahren Wunsch, dem Verlangen nach Freiheit, nach Wahrheit, nach Liebe.

❧

F: Ich bin sehr schockiert zu sehen, was für ein Charakter ich bin.

E: Das ist nicht, wer du bist. Du bist Liebe selbst. Du hast dich nur mit dieser Geschichte einschlafen lassen. Das ist nur die Geschichte der Projektionsmaschine. Das ist nicht, wer du bist. Es ist nur eine Trance. Du bist das Bewusstsein, die Quelle der Trance. Ja, du siehst den Horror, diesen Alptraum, in dem du gelebt hast. Das, was du »Ich« genannt hast, das dachtest du zu sein. Und jetzt siehst du: »Oh, mein Gott, das alles ist da.« Aber das bist du nicht. Du kannst es untersuchen und erkennen, wenn du auf einer tieferen Ebene bist. Es ist eine Trance des Denkens, des Fühlens und des Körpers. Du hast dich selbst in Schlaf versetzt und hast begonnen zu träumen, dies seien deine Gedanken, deine Gefühle und dein Körper. In Wirklichkeit bist du Liebe selbst. Jetzt, wo du den Horror siehst, erfahre ihn, ohne ihn persönlich zu nehmen. Dann verbrennt er, und Liebe wird offenbart. Da die Fixierung nicht wirklich ist, bleibt sie nicht. *Du* bist wirklich, also bleibst *Du*. Zuerst verranntest du dich in der Projektion. Jetzt siehst du, was die Projektion antreibt. Das ist ein sehr schöner Prozeß des Aufdeckens. Zuerst siehst du nicht einmal, dass es eine Projektion ist. Du nennst es Realität. Dann erkennst du es. Du erkennst, dass all das angetrieben wurde von Angst. Dein ganzes Leben baute auf Angst auf. All deine Gedanken sollten dich vor der Angst bewahren. Jetzt kannst du sehen, was von alldem nicht berührt wird, was tiefer ist.

Liebe ist deine Natur. Die Fixierung ist Gift. Immer, wenn du etwas Gift kostest, wirst du davon krank, und wenn du das bemerkst, lässt du dich wieder in die Liebe zurückfallen.

Erfahre alles, was du vermieden hast, aus der Position der Liebe, um es zu beenden. Folge ihm nicht, du brauchst nicht damit zu leiden, du brauchst nicht mit dir selbst darüber zu reden. Sei Liebe und erfahre alles.

❧

F: Du sprichst von der Erkenntnis der Wahrheit, als wäre es etwas sehr Plötzliches. Aber macht es nicht einen Unterschied, ob sich jemand ethisch oder unethisch verhalten hat?

E: Wenn du dich in deinem Leben ethisch verhältst, dann ist das deine Vorbereitung, um die Wahrheit zu erkennen. Wenn du dich unethisch verhalten hast, kannst du auch die Wahrheit erkennen. Es wird schwerer sein, weil du in deine selbstgestellten Fallen gehen wirst. Du wirst dich in deinen eigenen Lügen verheddern und dich verteidigen. Aber auch, wenn sich jemand ethisch verhält, muss sich diese grundsätzliche Verlagerung der Perspektive ereignen. Wenn du ethisch handelst, kann es einen Beigeschmack haben von: »Ich möchte ein guter Mensch sein. Ich will das Richtige tun.« Dadurch wird Charakter geschult und aufgebaut. Doch es basiert auf der Annahme: »Ich bin eine Person, die sich richtig verhält.« Wenn du die Wahrheit erkennst, realisierst du, dass es keine Person gibt. Da war nie eine Person. Die Person wurde nie transformiert. Sie war nie. Es gibt nur formloses, unsterbliches Bewusstsein. Dies wird zur Grundlage des Seins. Es ist der Boden, der keinen Boden hat. Leere überall. Jede Manifestation wird nur als Rauch gesehen, der aus der Leere aufsteigt. Das ist tatsächlich ein plötzlicher Wechsel.

☙

F: Was ist die Beziehung zwischen ethischem Verhalten und der Erkenntnis der Wahrheit?

E: Ethik ist der Versuch des Über-Ichs, dem Chaos eine Ordnung aufzuerlegen. Wenn Egos verrückt spielen, dann brauchst du Ethik und Moral, um die Situation unter Kontrolle zu bringen. Wenn du bereit bist, deine selbstsüchtige, zwanghafte Beschäftigung mit dir selbst aufzugeben, dann besteht keine Motivation mehr, Leid zu verursachen. Du willst an deinem ethischen Verhalten festhalten, weil du an deinem ganzen Paket festhalten willst, dem Paket deiner Selbstsucht.

F: Was hat ethisches Verhalten mit Selbstsucht zu tun?

E: Authentisch aus dem Herzen heraus ist man, wenn man alle Vorstellungen aufgibt, alle Vorstellungen von *mir* als demjenigen, der etwas tut. Solange es ein *Ich* gibt, das etwas tut, egal, ob du es ethisch oder unethisch nennst, gibt es Leiden. Da du das Paket zusammenhalten willst, nennst du es ethisch, um es zu rechtfertigen.

F: Ich finde, du urteilst darüber sehr absolut. Es gibt verschiedene Grade ethischen Verhaltens und ich habe nicht beansprucht, ethisch perfekt zu sein.

E: Es gibt Grade des Leidens. Wenn du erwachst, ist es nicht mehr notwendig, Grade ethischen Verhaltens herauszufinden. Deine Grade ethischen Verhaltens sind nur eine Rechtfertigung, damit du die Grade des Leidens und der Selbstsucht fortsetzen kannst. Ja, ich repräsentiere etwas Absolutes. Ich bin die lebende Möglichkeit deines Absoluten, und das erschrickt dich zu Tode.

F: Ich fühle keine Todesangst.

E: Das ist das Problem. (Lachen). Wenn du sie fühlen würdest, dann wärest du nahe dran.

F: Angenommen, ein Nazi säße hier, der mehrere tausend Menschen umgebracht hat, und Mutter Teresa, die mehreren tausend Menschen das Leben gerettet hat. Wer hätte deiner Meinung nach bessere Chancen, die Wahrheit zu erkennen?

E: In meiner Erfahrung ist es unmöglich, das zu sagen. Jeder hier ist ein Mörder gewesen. Jeder hier, zahllose Leben lang. Leben des Mordes und der Vergewaltigung. Leben des Ermordet- und des Vergewaltigtwerdens. Leben des Leidens und der Hölle. Du musst nicht an vergangene Leben glauben. Es reicht, wenn du dir das Leid deines Lebens gerade jetzt anschaust. Das Leiden deines Lebens gerade jetzt ist das Leiden der Hölle. Du machst dir Sorgen um Nazis und Mutter Teresa. Mach dir Sorgen um dich selbst.

Ich habe Menschen gesehen, die spirituell absolut reif aussahen und nicht erwachten, und absolut unliebenswerte Menschen erwachten. Ich bin ein gutes Beispiel. (Lachen). Deshalb haben sie mich wieder zu dir zurückgeschickt. (Lachen). Ich habe kein ethisches Leben geführt. Ich habe gestohlen, gelogen, betrogen. Ich hatte Schwierigkeiten mit der Polizei und eine Akte beim FBI. Ich habe meine Frau betrogen. (Lachen).

F: Aber du hast doch auch gegen viele Dinge gekämpft, z. B. gegen die Umweltverschmutzer. Also haben dich diese Probleme doch auch berührt.

E: Ja, ich war ein Revolutionär. Ich war sehr betroffen von all diesen

Problemen und sehr stolz darauf. Aber absolut unethisch. Ich fühlte mich so stolz zu stehlen. Ich fühlte mich so gerecht, weil es gegen den Kapitalismus war. (Lachen). Ich war sehr stolz darauf, Ehen zu brechen. »Ehe ist ein Eigentumsvertrag, also ist es gut, sie zu brechen.« Siehst du, ein völlig unethisches Verhalten. Also, lass es los. Ich sage nicht, sei schlecht. Ich sage, hör auf mit deiner Selbstsucht. Hab doch einfach etwas Liebe für deine Eltern. Liebe ist nicht logisch.

ᕱ

F: Vor Jahren las ich in der Bibel den Satz: »Gottes Liebe ist höher als jede Vernunft.« Das war immer so abstrakt für mich. Ich habe immer auf die Vernunft gehört. Jetzt weiß ich, was mit dem Satz gemeint ist.

E: Religion ist die faschistische Imitation der Wahrheit. Aber das Modell ist rein. Zur Beichte gehen bedeutet ursprünglich: Du gehst, um die Lüge aufzudecken. Und du deckst die Lüge in der Präsenz von bewusstem Gewahrsein auf, im Beisein eines spirituellen Freundes (ein *spiritueller Freund* ist gewahr, leer und in Liebe). Das ist ein sehr natürlicher Vorgang. Doch wenn der Mensch auf der anderen Seite nicht verwirklicht ist, dann wird es ein Programm.

F: Für mich ist es schwer zu erkennen, was an Religion wahr ist.

E: Im Kern all dessen liegt Wahrheit. Alle spirituellen Traditionen beginnen in Wahrheit. Doch dann wird die Wahrheit konzeptualisiert. Dann wird sie gepredigt. Die ganze New-Age-Religion hat ihre heiligen Vorstellungen, ihre Liturgie. Der Verstand hat schreckliche Angst davor, nicht zu wissen. Er hält an allem Möglichen fest, um etwas Konkretes zu haben. Wenn du bereit bist, nirgendwo zu landen, dann ist alles immer frisch, immer unbekannt. Unbekannt – und gleichzeitig ist alles bekannt.

ᕱ

F: Dieser innere Tod ist sehr demütigend für mich. Ich fühle mich wie ein Fisch ohne Wasser. Ich kenne diese Erniedrigung eigentlich nur, wenn ich krank bin oder wenn eines meiner Projekte schief geht. Mir fehlt das letzte Vertrauen, mich ganz dieser Erfahrung hinzugeben.

E: Ja. Wie du sagtest, du bist wie ein Fisch, der schon gefangen wurde. Du kannst noch ein bisschen rumzappeln, wenn du willst. Es ist so wichtig, dass dieser Stolz aufgedeckt wird. Und du hast das Gegenmittel gegen diesen Stolz entdeckt: Demütigung. Das ist entscheidend. Dieser Stolz zeigt sich in jeder Fixierung auf seine eigene Weise. Bei Menschen wie dir ist es diese Gewissheit, Recht zu haben, hart zu arbeiten, kompetent zu sein, der Beste zu sein, der beste Liebhaber, der Beste in allem. Wenn das dann bloßgestellt wird, werden Scham und Erniedrigung gespürt. Wenn der Stolz verbrannt wurde, bleibt natürliche Demut. Darin erscheint ganz natürlich Unschuld. Du kannst Unschuld nicht erzwingen. Du kannst nicht einem Pfad der Unschuld folgen. Aber Unschuld erscheint, wenn der Stolz verbrennt.

❧

F: Ich habe eine sehr kranke Mutter, eine alkoholabhängige Schwester und ein geistig behindertes Kind. Ich kümmere mich um alle drei und das ist oft sehr hart. Habe ich mir dieses Karma auferlegt, um in diesem Leben nur den anderen Menschen zu helfen? Oder habe ich auch ein Recht auf mein Leben und meine Freiheit?

E: Weder noch. Bei beiden Sichtweisen geht es um *mich* und *mein* Leben. Du fühlst entweder: »Ich muss ihnen *mein* Leben opfern.« Oder du fühlst: »Ich behalte *mein* Leben für mich.«. Aber es geht immer um *dein* Leben. Zuerst erkenne, wer du bist. Erkenne, wie du dich verkauft hast. Finde heraus, was du wirklich willst. Du sagtest, du wünschst Freiheit. Doch du meinst in Wirklichkeit Freiheit für *dich*, um das zu tun, was du willst, anstatt das, was sie wollen. Ja, die Konstellation dieser Beziehung ist dein Karma. Da ist ein enormer Stolz, so hilfreich und selbstlos zu sein. Doch tatsächlich ist es ein Akt der Prostitution. Hör auf, eine Prostituierte zu sein und zu lügen.

F: Ich fürchte, ihre Liebe zu verlieren, wenn ich nicht mehr tue, was sie wollen.

E: Genau. Deshalb musst du dich verkaufen. Du wirst zur Prostituier-
ten. Und dann wirst du wütend über die Kunden, weil sie dir nicht
die Liebe zurückgeben, die du verdient hast. Die Leidenschaft, die
diesen Mechanismus antreibt, ist Stolz. Du verbirgst ihn sehr gut vor
dir und machst dich so zur »selbstlos Opfernden«. Erkenne die Härte
in deinem Innern und den Ort, an dem du besser bekommst, was dir
zusteht. Fühle die Demütigung deiner Preisgabe.

Demut ist das Gegenmittel zum Stolz. Du kannst dich nicht selbst
demütig machen. Das wäre nur arrogant. Doch wenn du genug Erniedrigung erfahren hast, dann wirst du ganz natürlich demütig.
Dann bist du so bereit für Freiheit, dass du willig bist, deinen Akt der
Prostitution auffliegen zu lassen. Das bedeutet nicht, dass du das
Dienen für deine sterbende Mutter aufgeben musst. Du beendest das
Spiel darum. Dann begegnest du der furchtbaren Angst, ihre Liebe
zu verlieren. Wenn du diese Angst zu ihrem Ursprung zurück-
verfolgst, erkennst du, dass sie der Gewissheit entspringt, du seist
nicht liebenswert. Sei bereit, das zu fühlen. Das wird die Arroganz
verbrennen. Es ist das Tor zur Freiheit.

∾

F: *Die Schamanen benutzten Trancezustände zur Heilung. Du sagst,
wir leben ständig in Trance. Gibt es zwischen diesen Trancen einen
Unterschied?*

E: Nein. Du wechselst nur den Traum. Manche Trancezustände sind
nützlicher als andere. Manche sind sattvischer (klarer, reiner, stiller).
Das bedeutet, sie sind durchlässiger für das, was nicht Trance ist.
Aber von einer Trance in die andere zu wechseln ist letztlich nur
mehr Ego. Gestern erzählte eine Frau hier ihre Geschichte. Sie müsse
sich um ihre alte Mutter kümmern, um ihre alkoholkranke Schwester
und ihre Tochter. Das alles halte sie davon ab, frei zu sein. Das ist
ihre Trance. Wenn sie damit zur Kirche geht, unterstützt die Kirche
ihr Über-Ich: »Es ist deine Pflicht und gehört zur Moral, dich um
deine Nächsten zu kümmern.« Wenn sie zum Therapeuten geht, wird
der ihre Geschichte unterstützen: »Oh, ja, wie können wir mehr Zeit
für dich finden? Jeden Tag ein bisschen Zeit, damit du das tun

kannst, was dir gut tut.« Das ist nur eine weitere Trance, die ihre Geschichte aufrechterhält. Oder sie geht zu einer schamanistischen Sitzung und dort hat sie eine Vision, dass sie ihre Familie verlassen und nach Peru gehen muß. Eine weitere Trance. Um die Trance aufzudecken, musst du sehen, wie sie aufgebaut ist. Du musst erkennen, wo der »Selbstverkauf« stattfindet. In diesem Fall ist es das Geben, um zu bekommen. Die furchtbare Angst, Liebe zu verlieren. An der Oberfläche sieht das so hilfreich, so freundlich, so aufopfernd aus. Aber es ist nur selbstsüchtig. Denn eigentlich geht es um: »Was ist mit mir? Was ist mit mir?«, um die schreckliche Angst, Liebe zu verlieren. Darunter liegt der Horror, nicht liebenswert zu sein. Wenn diese Ebenen nicht aufgedeckt werden, was bedeutet, die Identifikation damit aufzugeben, dann bleiben sie weiterhin die unterschwellige Motivation bei allem. Egal, ob du nach Peru gehst oder die Familie wechselst oder was auch immer. Es wird sich alles vor dem Hintergrund dieses unerforschten Selbsthasses abspielen.

∽

F: Wenn in mir Gefühle oder Wünsche aufsteigen, weiß ich oft nicht, was ich damit machen soll. Was mache ich z. B. mit dem Wunsch zu rauchen? Soll ich ihm nachgeben oder soll ich das Verlangen unterdrücken?

E: Keins von beiden. Du rauchst die Zigarette oder du lässt es. Das macht keinen wirklichen Unterschied. Es geht nicht um Rauchen oder Nichtrauchen. Du hast eine Stimme in dir, die sagt: »Lass mich die Zigarette rauchen.« Dann hast du das Über-Ich, das sagt: »Nein, nein, das ist schlecht.« Es gibt eine Erfahrung, die tiefer ist als beide Stimmen. Bleibe dieser tieferen Erfahrung treu. Dann gibt es nichts, was du dir anschauen müsstest oder entscheiden müsstest, nichts zu unterdrücken, nichts, worin du dich gehen lässt. Stille. Dann werden all die Impulse der Sucht auftauchen, um zu verbrennen. Wenn du sie unterdrückst und denkst: »Nein, nein, das sollte ich nicht tun!«, macht sie das stärker. Genauso, wenn du ihnen nachgibst. Aber, wenn du dich nicht bewegst, dann ist der Wunsch da, doch er hat keine treibende Kraft.

F: Was meinst du mit diesem Nichtbewegen?

E: Du bleibst voll präsent in der Erfahrung und gehst nicht in den Kopf, um mit dir Selbstgespräche zu führen. Jede Entscheidung, die du in deinem Kopf triffst: »Ja, ich rauche. Nein, ich rauche nicht«, ist schon eine Vermeidung dessen, was hier ist.

F: Ich will mit dem Rauchen aufhören.

E: Bist du bereit, alles zu erfahren, was du vermieden hast? Ja?

F: Ja.

E: Dann rauche von diesem Moment an nicht mehr.

F: Das erscheint mir sehr hart.

E: Jetzt fängst du an, Gefühle zu haben. Du bekommst Angst. Na und? Du hast gesagt, du wärest bereit, alles zu erfahren.

F: Ich habe Angst, es nicht zu schaffen.

E: Das ist eine sich selbst erfüllende Prophezeiung. Du redest von deinem Versagen in der Zukunft, um zu rechtfertigen, dass du in der Gegenwart versagst. Es kommt nicht auf dein Denken an. Es geht nur um deine Bereitschaft. In dem Moment, wo du beginnst, über die Zukunft nachzudenken, vermeidest du Erfahrung. Also, bist du bereit aufzuhören?

F: Ja.

E: Gut. Dann ist es von nun an beendet und wenn der Impuls auftaucht, fühle ihn, denke ihn nicht. Erfahre es. Zuerst ist da dieser Terror: Ein Leben ohne Zigaretten! Jede Sucht hat diesen Terror. Ein Alkoholiker kann sich ein Leben ohne Alkohol nicht vorstellen. Es ist dasselbe mit dem Denken: »Oh Gott, ein Leben ohne Denken!« Doch das alles ist nur eine Vorstellung. Du projizierst in die Zukunft, um zu vermeiden, was hier in der Gegenwart ist.

Es ist, als wenn du die Tür geschlossen hast. Du hast dich selbst ans Kreuz genagelt und sagst: »Okay, ich bewege mich nicht. Ich bin bereit, alles zu erfahren.«

༄

F: Ich habe mich in meinem Beruf als Ärztin oft unwohl und von Autoritäten versklavt gefühlt. Lange Zeit dachte ich, ich müsste Malerin werden, um innere Erfüllung zu finden. Seit ich dich kenne, weiß ich, dass dieser innere Zustand nicht von einem Beruf abhängig ist.

E: Ja. Jetzt kannst du zurückgehen zu deinem natürlichen Beruf. Mit einem stillen Verstand und einem offenen Herzen. Du wirst dich selbst im Dienen finden. Vielleicht nicht unter den gleichen Umständen. Du wirst benutzt, dein Leben wird benutzt. Du dachtest, du müsstest eine Künstlerin sein, um Erfüllung zu finden. Jetzt findest du Erfüllung, indem du dich der Liebe hingibst, indem du von der Liebe absorbiert wirst und vor Liebe überfließt. Dann bist du erfüllt. In dieser Erfüllung ist dein Leben schön, welche Form es auch annehmen mag. Du brauchst keine besondere Ausdrucksform, um Erfüllung zu finden. Egal welche Rolle, welcher Beruf erscheint, er ist voller Erfüllung.

Wenn du tiefer in die Stille fällst, entdeckst du in deiner Arbeit als Ärztin einen Kontakt zu deinen Patienten, der vorher nie möglich war. Eine Möglichkeit des Kontakts mit dem Personal, der vorher nicht möglich war. Weil »du« nicht mehr da bist und etwas brauchst. Du bist schon erfüllt.

༄

F: Meine Eltern sind beide über achtzig. Der Tod rückt immer näher. Sie sprechen beide davon und ich fühle, dass es bald so weit sein könnte. Ich habe eine Hass-Liebe-Beziehung zu meinem Vater und eine sehr alte Bindung zu meiner Mutter. Für mich ist sie die stärkste spirituelle Unterstützung in meinem Leben. Es kommt viel Angst hoch, wenn ich an ihren Tod denke. Es fühlt sich sehr einsam an. Wie kann ich damit umgehen?

E: Deine Eltern sterben und du bist nur in deiner selbstsüchtigen Erfahrung. Es geht nur um *dich*. *Deine* Einsamkeit, *deine* Angst, *deine* Hass-Liebe-Beziehung zu deinem Vater. Das alles basiert auf Selbstsucht. Sie sind fast tot. Wenn du dienen willst, sei bereit, deine eigene selbstsüchtige Verstrickung fallen zu lassen. Sei bereit, deiner Angst ins Auge zu schauen. Sei bereit, die Projektionen auf deinen Vater aufzugeben. Der Hass, den du fühlst, ist nur Selbsthass. Es ist nur Selbstverrat. Dein Vater hat es dir nicht angetan. Wenn du bereit bist, das zu klären und es zu beenden, dann kannst du ihnen wirklich dienen, bevor sie sterben. Du kannst ihnen endlich etwas dafür zurückgeben, dass sie dir dieses wertvolle Leben geschenkt haben.

F: Gibt es denn nicht eine Konditionierung durch die Eltern? Ich habe schließlich viel Zeit mit ihnen verbracht.

E: Du bist kein Opfer! Es gibt keine Opfer. Deine Eltern sind kurz vorm Sterben und du gibst ihnen immer noch die Schuld. Konditionierung geschieht auf der Ebene des Tieres. Tiere werden konditioniert. Bewusstsein befreit sich selbst, wenn du bereit bist, den Glauben an dein Tiersein sterben zu lassen. Wenn du bereit bist, deine selbstbezogene Verstrickung in deine mentalen Ängste aufzugeben. Sonst lebst du in diesem kleinen Käfig, gefesselt durch Angst, ständig beschäftigt mit deinen mentalen Angelegenheiten. Und du fühlst dich als Opfer dieser alten Menschen, die sterben. Du siehst ihren Tod nur in Beziehung zu deiner Traurigkeit und deinem Verlust. Es geht nicht darum, die Konditionierung zu verändern. Es geht darum, aus dem Glauben aufzuwachen, dass du ein Tier bist.

Stell dich deinen Ängsten, ohne dich zu bewegen, ohne dich mental zu involvieren. Es ist ein guter Tag zum Sterben. Stirb, bevor deine Eltern es tun, indem du das Geheimnis der Liebe entdeckst. Es ist ein Geheimnis. Es ist auf der anderen Seite des Terrors. Du kannst da nicht hinkommen, wenn du nicht durch den Terror gehst. Und du kannst nicht durch den Terror gehen, wenn du denkst.

F: Wo ist das Eingangstor zu dieser Angst?

E: Geh heraus aus deinem Denken, geh in die Gefühle. Das ist das Tor.

———

F: Und wo ist das Tor zu den Gefühlen?

E: Raus aus dem Kopf, in den Körper. Nicht in den physischen Körper, in den emotionalen Körper. Du weißt, dass du angekommen bist, wenn du diesen gefrorenen emotionalen Kern fühlst. In einigen Momenten deines Lebens hast du ihn gespürt und bist davor geflüchtet. Momente deiner Kindheit, Momente in deinem Leben, in denen du den blanken Schrecken erfahren hast. Lade ihn wieder ein. Er ist immer noch hier. Er lebt in deinen Zellen. Also sei bereit zu sterben. Gib auf zu wissen, gib alles auf, was du weißt, alles, was du gelesen hast und glaubst. Wende dich dem Unbekannten zu, nackt, allein, ohne Waffen, ohne Denken. Sei bereit herauszufinden, wer du bist. Das Tier wird immer konditioniert sein. Das ist nicht das Problem. *Du* wirst von Konditionierung nicht berührt, wenn du herausfindest, wer du bist. Solange du nicht weißt, wer du bist, bleibst du im Bereich der Konditionierung. Aber wenn du diesen Bereich verlässt und die Wahrheit findest, dann entdeckst du die Liebe, vielleicht zum ersten Mal. Liebe, die du nicht für möglich gehalten hast. Sie macht Angst, weil sie so intim ist. Intim jenseits deiner Vorstellungen. Und wenn du das rechtzeitig entdeckst und dich dem hingibst, dann kannst du dich deinen Eltern in Liebe zuwenden. Du kannst ihnen helfen bei diesem Übergang. Du kannst ihnen das Geschenk des Übergangs geben, das sie dir geschenkt haben. Du gibst es ihnen auf eine Art zurück, die alles in Ordnung bringt. All diese Generationen des Leidens werden damit gerechtfertigt, denn zu guter Letzt wird es in Liebe beendet. In Verwirklichung, in Unsterblichkeit.

∽

F: Sind wir nicht doch sehr durch die Vergangenheit geprägt worden?

E: Wer du bist, ist nicht geprägt. Gedanken sind konditioniert, Emotionen sind konditioniert, der Körper ist konditioniert. Was ist, wenn du dich einen Moment lang von deinen Gedanken, Gefühlen und deinem Körper abwendest? Was ist, wenn sie gar nicht deine wären? Dann gibt es keine Konditionierung mehr. Dann ist jeder Moment frisch. Das ist die Möglichkeit, die der Mensch hat. Und es ist die einfachste Möglichkeit. Die schwierigste ist, mit all deinem Gepäck herumzulaufen. Das ist wirklich schwierig. Das bringt viele Probleme mit sich, viel Leiden. So viele Familien, die zerbrochen sind, so viele Menschen, die im Kreis rennen. So viele Menschen, die nach neuen Erfahrungen jagen, das ist kompliziert. Wer du bist, ist das Einfachste. Ein natürliches Leben zu leben ist das Leichteste. Es ist sehr schön und es steht dir offen. Es hängt von deiner Bereitschaft ab, all das zu erfahren, was du bis jetzt vermieden hast. Was dich im Bereich der Konditionierung festhält, ist das Vermeiden von Erfahrung. Wenn du nicht bereit bist zu erfahren, was in der Gegenwart ist, dann rennst du in die Vergangenheit oder in die Zukunft.

F: Ich weiß sehr oft nicht, was ich will.

E: Das bedeutet: immer. Schau, wenn du sehr oft nicht weißt, was du willst, dann weißt du es auch in den Zeiten nicht, in denen du denkst, du wüsstest es. Du denkst, du willst dies und dann findest du heraus, dass du es doch nicht willst. Dann bist du dir nicht mehr sicher, was du willst, bis du etwas Neues findest, das anziehend aussieht. Und irgendwann zweifelst du wieder. Das bedeutet also, du weißt wirklich nicht, was du willst. Was ist, wenn du aufhörst, all das zu wollen, was du je zuvor wolltest? Was ist, wenn du in diesem Moment sagst: »Okay, alles, was ich jemals wollte, hat mir nicht das gebracht, was ich wollte. Also brauche ich das nicht wieder zu versuchen.« Was bleibt dann übrig? Das ist das Ende des Wollens und der Beginn des Entdeckens. Was auch immer du willst, sei dir sicher, das ist es nicht. Es ist das und mehr als das. Wenn du wirklich diese Tiefe des Unbekannten liebst, dann wird jede Versuchung, die auftaucht, dich tiefer in dich selbst führen und eine tiefere Ebene der Glückseligkeit offenbaren. Wenn du dann das Wollen wieder stimulierst und einen besonderen Wunsch wieder aufgreifst, dann haben wir »etwas« anstatt »alles«. Und im »Etwas« gibt es Leiden. Denn dann bist du wieder in demselben alten Kreislauf, etwas zu wollen oder es nicht zu wollen.

F: Ich habe Probleme mit der Unterkunft hier. Sie ist nicht besonders komfortabel, aber teuer.

E: Die Umstände werden sich immer zeigen, um deine Fixierung auszulösen. Immer. Und dann hast du die Wahl. Was ist es, dem du dienen wirst? Wo ist dein Herz? Es ist so einfach. Die Idee hinter deinem Problem ist: »Ich habe Recht.« Also beweist du, dass du Recht
hast. Du verteidigst dich dagegen, dass dir Unrecht nachgewiesen
wird, du bringst andere dazu, dir zuzustimmen, dass du Recht hast.
Die menschliche Konditionierung kennt drei Reaktionen auf einen
Reiz: zustimmend, angreifend, flüchtend. Es sind mechanische Reaktionen. Doch wer du bist, ist nicht mechanisch. Wenn du also dem
treu bleibst, wer du bist, sind deine Impulse frei und spontan. Sie
entstehen aus dem Unbekannten. Wer kann also sagen, was auftauchen wird? Aber es wird angemessen sein, weil es keinen Plan hat. Es
wird nicht eine Vergangenheit verteidigen und eine Zukunft erschaffen. Es ist nicht nötig, etwas zu beweisen.

F: Gibt es in dir nicht auch den Wunsch nach einer schönen Umgebung?

E: Ja, natürlich. Ich lebe an einem wunderschönen Ort. Doch als ich
mich aufmachte, um meinen Lehrer zu finden, ging ich dahin, wohin
ich gehen musste. Ich landete am dreckigsten Ort der Welt. Der
schmutzigste, ärmste, lauteste Platz der Welt. Und ich war in Glückseligkeit.

*F: Ich frage mich, ob diese Einstellung, sich mit allem zufrieden zu
geben, nicht auch zu den Umständen geführt hat, unter denen wir hier
leben.*

E: Ich habe nicht gesagt, du sollst dich mit irgendetwas abfinden. Ich
sagte, sei allem gegenüber ein spiritueller Freund. Sei still, präsent
und in Liebe. Dann wird sich das zeigen, was angemessen ist. Es geht
nicht darum, sich mit allem abzufinden. Und es geht nicht darum,
über alles zu schimpfen. Eines Abends wurden meine Frau, eine
Freundin und deren Sohn von einem Betrunkenen attackiert. Ich
konnte ihn nicht dazu bringen, uns in Ruhe zu lassen. Als er seine
Hände in meine Taschen steckte, rief ich: »Schluss!« und stieß ihn
beiseite. Er flog auf die Straße und wir gingen weiter. Da war keine
Emotion, keine Spur, die zurückblieb. Es war rein. Es war angemes

sen. Die Reinheit einer Aktion kannst du daran messen, ob eine Vibration übrig bleibt. Wenn Adrenalin aufgepumpt wurde, bleibt ein Rest. Das bedeutet entweder Angriff oder Flucht. Danach bleibt tatsächlich ein tiefer emotionaler Schmerz im Körper zurück. Gewöhnlicherweise wird er ignoriert, indem man das, was ihm vorausging, rechtfertigt. Wenn du innerlich nichts tust, mag Angst oder Wut aufsteigen, doch du berührst es nicht. Du machst es zu nichts Bedeutsamem und es geht vorbei. Doch wenn es auftaucht und du danach greifst, dann rechtfertigst du dich. Das ist das Problem. Dann wird es entweder auf jemand anderen projiziert oder unterdrückt oder analysiert.

F: Aber können wir nicht auch voneinander lernen, wenn wir nicht der spirituelle Freund, also still, präsent und in Liebe sind, sondern ganz normal reagieren? Wir reagieren doch fast den ganzen Tag.

E: Genau das ist das Problem. Deshalb lernen wir nichts. Du lernst, wenn du der spirituelle Freund bist. Dann ist Offenheit zum Lernen da. Solange du selbstbezogen re-agierst, ist kein Raum zum Lernen, weil es nur um »mich« geht. Ja, es ist schade, dass du den ganzen Tag als Klient, reagierend und selbstbezogen, herumläufst. Aber benutze niemand anderen als Ausrede. Selbst wenn alle anderen als Klienten herumlaufen, kannst du dennoch spiritueller Freund sein. Alles, was dazu notwendig ist, ist eine Person, die nicht in die Geschichte einsteigt, um etwas zu tun. Kein Sich-selbst-ins-Recht-Setzen, kein Andere-ins-Unrecht-Setzen, kein Ringen um Sicherheit, keine Sympathie, keine Ablehnung. Einfach eine tiefere Liebe, die nichts braucht und sich ganz natürlich, ohne Mühe, um die Dinge kümmert.

Mit dem Gefühl von Mitleid und Sympathie unterstützt du die Geschichte, du glaubst, dass die Geschichte wahr ist und leidest mit. Als Klient trägst du die Last der Geschichte. Das erfordert Anstrengung. In Liebe gibt es keine Verleugnung der Geschichte. Es geht nicht darum zu sagen: »Nein, nein, das ist doch nur ein Traum.« Liebe ist einfach ein tieferer Kontakt. Das will jeder. Jeder will tiefen, liebenden, intimen Kontakt. Aber du verlangst es von jemand anderem. Sei du zuerst verfügbar.

*F: Ich habe gestern einen Teil meiner Fixierung erkannt und ich habe sie
satt. Ich möchte sie loswerden. Aber wie?*

E: Indem du dich nicht darin gehen lässt. Indem du nicht darüber
weinst oder jammerst. Indem du bereit bist, dich nicht zu bewegen.
Dann ist es weg. Es existiert nicht wirklich. Es ist nur eine Gewohnheit. Halt einfach inne. Du brauchst dich nicht anzustrengen. Es gibt
nichts zu tun. Fixierung ist nicht einzigartig. Sie ist eine mechanische
Vorrichtung, eine Maschine, die auf vorhersagbare Weise funktioniert. Jede Fixierung beinhaltet drei Grundtriebe, die nur der Erhal-
tung der Art dienen. Alle Entscheidungen, die du triffst, sind vorhersagbar. Die Art der Kleidung, die Art von Sex, dein Essen, der Partner, alles, wozu du dich entscheidest. Wenn all das wegfällt, ist das,
was bleibt, das Einzigartige.

ॐ

*F: In letzter Zeit fühle ich mich von allen Menschen gestört, sogar von
meiner erwachsenen Tochter. Ich bekomme keine richtige Verbindung
mehr zu ihr. Ich bin nur aus Verpflichtung mit ihr zusammen, obwohl
ich lieber allein sein möchte. Was ist es, was mich stört?*

E: Das Ego. Was könnte es sonst sein? Es ist Selbstverstrickung. Was
würde passieren, wenn du nicht tust, was du nicht tun willst?

F: Es würde mir besser gehen. Was soll ich dann mit meiner Tochter tun?

E: Dieses »Was soll ich tun?« ist bereits ein Tun in einer imaginären
Zukunft. Solange es ein »Ich« und »meine« Tochter gibt, wird es Probleme geben. Finde heraus, wer du bist, indem du alle Identifikationen mit dem aufgibst, wer du nicht bist. Was ist, wenn du keine Mutter bist? Was, wenn du keine Frau bist? Was, wenn du kein Tier bist?
Wenn du herausfindest, wer du bist, wirst du ganz natürlich du selbst
sein. Dein natürliches Selbst ist Liebe. Die Liebe wird deine Tochter
so versorgen, wie es angemessen ist. Egal, ob es bedeutet, sie nie wie-
derzusehen oder mit ihr zusammenzuziehen. Das weisst du noch
nicht. Was gewusst werden kann, kann nur auf deiner Vergangenheit
beruhen. Das Unbekannte hat keine Vorläufer.

F: Das bedeutet also auch, mit Liebe zu arbeiten?

E: Nein. Da ist immer noch jemand, der etwas mit der Liebe tun will. Es bedeutet, dich letztendlich der Liebe hinzugeben und herauszufinden, was Liebe ist, wo sie ist, wann sie ist. Aber um Liebe zu finden, musst du bereit sein, das zu erfahren, was du vermeidest. Du musst bereit sein, die Unerträglichkeit der Selbstsucht zu erfahren. Lade alles ein, wovor du dich versteckt hast. Fang an, dir all die Geheimnisse zu erzählen, die du vor dir hast.

ⱷ

F: Meine Arbeitgeber schätzen mich oft als schwer von Begriff und lahm ein. Das macht mich sehr betroffen.

E: Du akzeptierst die Ratschläge von Büchern und die Bewertungen anderer Leute und nimmst sie persönlich. Es hat nichts mit dir zu tun. Vielleicht bist du begriffsstutzig oder nicht. Finde es selbst heraus. Bleibe mit deiner eigenen Erfahrung in Kontakt. Vergiss alles, was du gelesen hast. Vertraue dir selbst. Vergiss alles, was dir irgendjemand je gesagt hat. Bleibe dir selbst treu. Du hast alles, was du brauchst. Du bist ganz und vollkommen. Dem kannst du vertrauen. Dein Denken ist nicht vertrauenswürdig. Deine Emotionen sind nicht vertrauenswürdig. Dein Körper ist nicht vertrauenswürdig. *Du* bist vertrauenswürdig. Also bleibe dir selbst treu.

ⱷ

F: Ich fühle, dass in Verbindung mit meinem Vater und meiner Mutter unangenehme Erinnerungen hochkommen. Ich bin noch nicht bereit, ihnen zu verzeihen.

E: Beende alle Geschichten. Es sind alles Geschichten. Geschichten des Leidens. Geschichten eines besonderen »Ichs«. Geh einfach mit Liebe zu all den unangenehmen Erinnerungen zurück. Sieh sie mit neuen Augen. Lass dich nicht darin gehen. Selbst wenn all die Emotionen kommen, kannst du immer noch vollkommen still sein. Fühle sie, aber nimm sie nicht persönlich. Lass alles in Frieden kommen und in Frieden gehen.

∾

F: Als deine Frau Gangaji dich gebeten hat, monogam zu leben, was war ihre Motivation? Kam das nicht aus ihrer Angst?

E: Es kam aus ihrer Erkenntnis, dass Leiden verursacht wurde. Und das Leiden stimulierte die Fixierung. Ich habe oft ihre Fixierung als Entschuldigung benutzt. Ich sagte: »Das ist nur deine Fixierung. Hör mit deiner Eifersucht auf, dann wird es kein Problem mehr geben.« Das ist der Krieg zwischen Mann und Frau. Es gibt bewusstes und unbewusstes Leiden. Unbewusstes Leiden ist, wenn du deinen Wünschen nachjagst. Bewusstes Leiden ist die Bereitschaft, deine Impulse nicht auszuagieren. Entlade dein Verlangen nicht. Jeder fühlt sexuelle Impulse; wenn du dich nicht bewegst, kann das sehr unbequem sein.

∾

F: Meine Sucht nach Süßigkeiten bereitet mir viel Kopfzerbrechen.

E: Mach dir keine Sorgen darum. Beschäftige dich zuerst mit dem, was wichtiger ist. Dann wird sich diese Sucht um sich selber kümmern. Du isst Zucker, du trinkst Kaffee? Mach dir deswegen keine Sorgen. Das ist nicht das entscheidende Thema. Wenn du all deine Aufmerksamkeit dahin lenkst, dann verpasst du etwas. Es ist ein Scheinkrieg. Bist du Diabetikerin? Nein? Dann sind Süßigkeiten kein Problem. Es ist eine Gewohnheit des Körpers. Es mag nicht das Beste für die Gesundheit des Körpers sein, aber das ist nicht das Wichtigste. Du kannst das einfach ruhen lassen, während du hier bist. Dann kann dieser Krieg aufhören und dann siehst du, was tiefer ist. Sei einfach sanft mit dir selbst. Dieses rigide »Ich sollte dies nicht tun und das nicht tun«, das schafft Probleme. Bleibe bei dem, was wesentlich ist.

F: Gestern hast du diesen Brief über die Liebe vorgelesen. Er hat mich nicht berührt. Aber es hat mich wütend gemacht, als alle anderen ihn so toll fanden.

E: Es hat dich also doch berührt. Es hat dich wütend gemacht. Was macht dich an diesem Gedicht so wütend?

F: Ich höre die Worte, aber ich spüre dabei nichts. Ich habe mich ausgeschlossen gefühlt. Ich will meine Ruhe haben und auch raus aus meinem Gefängnis.

E: Schau, »*meine* Ruhe« ist eine Art Gefängnis. In »*meiner* Ruhe« hast du keinen Kontakt, und in diesem Gedicht geht es um wahren Kontakt. Aber »*meine* Ruhe« macht wahren Kontakt unmöglich. Wenn du dann diese Einladung zum Kontakt hörst, macht dich das wütend, weil du ihn nicht bekommen kannst.

F: Ich kam dann kurz aus der Wut heraus, als ich Frank begegnete und er mich so unschuldig anlächelte.

E: Wenn du die Wut verloren hattest, warum hast du sie dann wieder aufgegriffen?

F: Meine Frage ist, wie komme ich da ganz heraus?

E: Indem du dich völlig auslieferst. Das bedeutet: keine Verteidigung, keine Abgrenzung. Das geschah, als du Frank trafst. In der Unschuld, die du sahst, war die Erlaubnis, keine Grenzen zu haben. Da war keine Bedrohung. Aber was ist, wenn du offen bist, selbst wenn es eine Bedrohung gibt? Wenn du vollkommen offen bist, ohne Verteidigung, dann entdeckst du, dass es kein Innen und Außen gibt. Dann ist Frieden überall. Solange Frieden etwas ist, was »ich« in »meinem« Innern behalte, macht das den Frieden zu einem sehr kleinen Objekt. So klein, dass er in mich hineinpasst.

Das Potential
menschlicher Beziehungen

F: Liegt nicht auch eine Gefahr darin, wenn man sich nur nach innen wendet und nach Erleuchtung strebt? Was bedeutet das für das gesellschaftliche Leben, wenn sich jeder nur noch um sich kümmert? Wer kümmert sich um die Hilfsbedürftigen und die Kranken, wenn alle nur noch dasitzen und meditieren?

E: Ich rede nicht davon, irgendwo zu sitzen und alle Aktivitäten in der physischen Welt einzustellen. Schau dir die Hilfe an, die täglich in der Welt geleistet wird. Wie vielen wird geholfen und wie viele werden jeden Tag getötet? Dieses Helfen ist uneffektiv. Wahre Hilfe geschieht, wenn es keine persönliche Absicht gibt. Wenn *ich* aus dem Weg bin, dann manifestiert sich wahre Hilfe ganz natürlich. Doch wenn *ich* hier bin und sage: »Was ist mit *mir*? Nach all der Hilfe, die *ich* dir gegeben habe?«, dann gibt es Probleme. Es geht nicht um Sitzen oder Nichtsitzen. Sei vollkommen aktiv, während dein Verstand ruhig ist. Bei den meisten Leuten, die sitzen, ist der Körper ruhig und der Geist aktiv. Das ist genau umgekehrt.

Wenn du ganz nach innen gehst, entdeckst du, dass es kein Innen und kein Außen gibt. Es gibt kein Ich und kein Du. Wenn es kein Ich und kein Du gibt, dann siehst du dich selbst überall. Und wenn du dich selbst überall siehst, wie könntest du dir nicht selbst helfen? Wie könntest du dich selbst nicht lieben? Der ganze Wahnsinn in der Welt von heute beruht darauf, *andere* zu sehen. Moslems und Juden. Kroaten und Serben. Alle sehen *andere* und kämpfen für ihre Auffassung von Realität. Jeder ist sich sicher, dass »*ich* die Realität kenne und *du* nicht Teil davon bist.« Wir töten uns gegenseitig im Krieg darum, wessen Version real ist. Jede Version ist wahr für denjenigen, der sie vertritt, und er ist sich sicher, Recht zu haben. Das ist der Wahnsinn des Egos. Wenn es verschwindet, verschwindet der Wahnsinn. Dann gibt es nur Liebe, die sich selbst durch menschliche Augen sieht.

Ich selbst habe als politischer Revolutionär begonnen. Es funktionierte nicht. Das Entscheidende ist das Bewusstsein. Bewusstsein muss einzeln, an einen nach dem anderen vermittelt werden. Also geh selbst nach innen. Opfere die persönliche Verwicklung für die Wahrheit deines Selbst. Übergib dich der Liebe. Dann ist ein leidender Punkt weniger auf Mutter Erde. Eine mögliche Hilfe mehr. Eine helfende Hand mehr. Um eine helfende Hand zu sein, darf die Hand kein eigenes Programm haben. Wenn jeder Finger in jedem Moment entscheiden will, was er gerade tun möchte, verpasst er den Impuls vom Herzen. Dann hat die Hand ein Problem. Also wenn du eine helfende Hand sein willst, überlass dem Herz das Kommando. Gib deine eigenen persönlichen Pläne auf.

Du musst dich nur selbst im Hinblick auf das transzendieren, was du liebst. Wenn du es liebst, anderen Menschen zu helfen, dann gib dem dein Leben. Wenn du die Wahrheit liebst, dann gib der Wahrheit dein Leben. Wenn du die Liebe liebst, dann gib der Liebe dein Leben. Es muss etwas Größeres sein als »ich und meine Geschichte«, als »ich und meine Bedürfnisse«. Dadurch vernichtet sich der denkende Geist selbst. Er klinkt sich ein in etwas Größeres als er selbst. Das führt ihn zu seiner eigenen Auflösung und zu der Erkenntnis, dass es nie einen denkenden Geist gegeben hat.

ॐ

Es ist eine Herausforderung, nicht zu wissen, was »Liebe« bedeutet. Wenn du es wirklich nicht weißt, dann kannst du es entdecken. Dann kann ich herausfinden, was du mit dem Wort meinst. Dann kann ich mit deinem Traum von »Liebe« in Verbindung treten. Wenn ich versuche, dir meine Version aufzudrängen, entsteht Kampf, Kontrolle. Um wahren Kontakt aufzunehmen, darfst du nicht wissen, was das Wort »Liebe« bedeutet. Du kannst herausfinden, was dieser Mensch vor dir damit meint. Wenn du in der Position des spirituellen Freundes bist, also keinen persönlichen, versteckten Plan hast, dann kannst du im Raum des Nichtwissens sein. Nichtwissend und neugierig, herauszufinden, wie der Mensch vor dir seine Realität kreiert.

Dann kannst du in Verbindung treten. Wenn jemand sagt, er habe ein Problem, dann tendieren die meisten Menschen dazu, ihn zu trösten. »Das ist nicht so schlimm. Du solltest das und das machen.« Aber was ist, wenn du es wirklich nicht weißt? Nicht einmal weißt, was ein Problem überhaupt ist? Dann kannst du ihm zustimmen: »Ja, du hast ein Problem. Aber ich verstehe nicht genau, was ist ein Problem? Bringe mir bei, wie ich eins haben kann.« Dann kannst du in Kontakt treten. Du kannst seine Trance aufnehmen. Das ist die Möglichkeit für wirkliche Kommunikation. Ein wahrer Freund für deine Freunde bist du, wenn du keinen Punkt bietest, an dem sie ihre Projektionen festmachen können. Das bedeutet, deine persönliche Position aufzugeben, sodass es da nichts zu verteidigen gibt. Ob es sich auf deine Eltern bezieht, deine Partner, deine Kinder, egal, mit wem du zu tun hast und wie du ihn benennst. Wenn du als ein spiritueller Freund und in der Leere deiner selbst da bist, dann gibt es kein Problem. Dann bist du tatsächlich fähig zu dienen, weil du nichts brauchst.

Das Ego ist so mit sich beschäftigt, da ist kein Raum für wirklichen Kontakt. Es ist ständig dabei, sich zu bewerten und zu vergleichen. Das ist eine Menge Arbeit. Du bist im Kontakt mit deinem eigenen inneren Aufruhr. Er wird schließlich so schmerzvoll und stressig, dass du erschöpft bist und aufhören willst. Du lässt deine Geschichte los und erfährst so die Erleichterung, überhaupt nichts tun zu müssen.

✺

F: Ich habe so viel in meinem Leben und meinen Beziehungen verändert, doch mein Leid hat mich immer wieder eingeholt.

E: Ja, denn egal, wie sich die Umstände verändern, »du« tauchst immer wieder auf und das ist das einzige Problem. Sei bereit innezuhalten. Der Handelnde selbst muß sich hingeben und die Kontrolle aufgeben. Denn solange »ich« die Kontrolle habe, bin »ich« dabei, die Umstände zu verändern oder gegen sie zu kämpfen. Das funktioniert nie. Wenn du die Kontrolle etwas Tieferem übergeben hast, dann übernimmt die Liebe die Führung, dann erstrahlt die Liebe. Wenn du still bist, dann leuchtet diese Stille. Und die, die die Stille suchen, können nicht anders, als bei dir sein, und die, die nicht interessiert sind, gehen weg. Du musst überhaupt nichts tun. Dein Partner verliebt sich entweder in die Liebe oder er geht.

Wenn Schmerzvermeidung deine vorrangige Motivation ist, dann hast du dich selbst in eine sehr kleine Schachtel gepackt. Wenn du wirklich Wahrheit oder Liebe willst, dann ist es egal, ob es angenehm oder unangenehm ist. Ob es erfreulich oder schmerzhaft ist, ist einerlei. All das verändert sich und vergeht. Du bist, was sich nicht verändert.

℘

F: Ich spüre diesen Stolz so deutlich, der mich gefangen hält. In der Begegnung mit dir fällt es mir so leicht, meine Unschuld zu spüren. Im Alltag ist sie oft verdeckt von Spielen, von falscher Selbstsicherheit und Stolz. Ich spüre immer mehr das Leiden darunter. Ich möchte dich um Hilfe bitten, aus dieser Falle herauszukommen.

E: Ja. Das ist das Schöne an der Gnade. Sie besteht darauf, dass all dein Stolz über das, was du dir aufgebaut hast, zusammenbricht. Dazu ist gar nicht viel nötig, ein einziger Hauch reicht aus. (Lacht). Dieser Stolz wird gedemütigt und du kannst das Brennen fühlen. Das ist sehr gut. Erniedrigung ist das Gegengift gegen Stolz. Sie macht dich verletzlich und hilflos. Und davor hast du soviel Angst. (Lacht). Wenn du dich nicht verteidigst, haben die anderen Recht, selbst wenn sie Unrecht haben. Es fühlt sich oft an wie ein Angriff und dein Impuls wird sein, dich zu verteidigen. Und du verteidigst dich, indem du sie angreifst und herabsetzt. Wenn du bereit bist, in Stille deine Empfindung wahrzunehmen, dann fühlst du den Schmerz, fälschlich beschuldigt zu werden und du brauchst nichts zu tun. Tatsächlich ist es ein Geschenk für dich. Wenn du die Falle des Stolzes siehst, erkennst du, dass er giftig ist. Deine Freundin und du, ihr seid beide eine Herausforderung füreinander. Das ist der Wert einer wirklichen Partnerschaft. Denn dein Partner wird dich mit nichts davonkommen lassen. Dein Partner sieht jede Stelle. Wenn ihr beide der Freiheit verpflichtet seid, dann werden all die Kompromisse, all die Lügen aufgedeckt. Denn an dem Punkt ist Freiheit wichtiger als die Beziehung. Schau, wenn die Beziehung wichtiger ist, dann gibt es bestimmte Dinge, die du nicht tun oder sagen kannst, weil es die Beziehung bedrohen könnte. Dann gehst du Kompromisse ein. Dann dienst du der Beziehung statt der Freiheit. Doch wenn du der Freiheit dienst, dann gibt es nichts, was nicht gesagt werden könnte. Nichts, was nicht aufgedeckt und angeschaut werden könnte. Dann ist es eine sehr schöne Beziehung. Dann blüht wahre Liebe, Zärtlichkeit, wahre Empfindsamkeit. Das ist es, was jeder will. Doch die meisten Menschen sind nicht bereit, den Preis zu zahlen. Sie könnten die Beziehung verlieren. Das ist der Preis. Doch der große Witz ist, wenn beide Menschen bereit sind, den Preis zu zahlen und dadurch eventuell die Beziehung zu verlieren, dann ist es eine Beziehung, die niemals sterben wird. Und wenn du nicht bereit bist, den Preis zu zahlen, wenn du dich für die Beziehung verkaufst, dann tötest du sie.

∽

F: Worin siehst du die Rolle des Weiblichen, wie es z. B. in den Urbildern Eva, Maria oder Madonna zum Ausdruck kommt?

E: Es ist dasselbe. »Männlich/Weiblich« sind Bezeichnungen für Träume. Wenn du an einem Mythos haftest, ist er wertlos und wird zum Gefängnis. Wenn du daran haftest, eine Frau zu sein oder daran haftest, kein Mann zu sein, dann ist das ein Problem. *Du* bist keine Frau. Wenn du bereit bist, deine Anhaftung am Frau-Sein aufzugeben, dann erfährst du die wahre Offenbarung, auf die der Mythos von Maria hinweist. Solange du daran haftest, ein Stück Fleisch zu sein, wirst du eine ganze Mythologie haben, um deinen Glauben zu rechtfertigen. Du hast dann Glaubenssysteme, Geschichten und besondere Erfahrungen, die beweisen, dass du Recht hast. Doch in Wirklichkeit führst du nur Selbstgespräche in deinem Traum.

F: Ich habe das Gefühl, wenn ich der Wahrheit hundertprozentig folgen möchte, dann muss ich meinen Wunsch nach einer intimen Partnerschaft aufgeben. Ist das richtig?

E: Es ist dann richtig, wenn es so ist. Mach dir keine Sorgen, lass sich die Liebe darum kümmern. Schau, wenn du dir die Liebe wünschst *und* eine intime Partnerschaft, wenn du der Liebe dienen willst *und* etwas anderem, dann ist die klare Aussage: »Ich will der Liebe dienen und ich will *mir* dienen.« Das funktioniert nicht. Das schafft nur Durcheinander. Du nennst das dann »der Liebe dienen«, aber in Wirklichkeit dienst du dir selbst. Wenn du wirklich der Liebe dienst, dann überlasse der Liebe die Führung. Vielleicht hast du nie wieder einen Partner, vielleicht findest du den perfekten. Aber ab diesem Punkt ist es nicht mehr deine Angelegenheit, du hast es übergeben.

☙

E: Ich sprach gerade mit meiner Frau, mit Gangaji. Heute ist ihr Geburtstag. Sie ist 56 Jahre alt geworden. Unglaublich. Wir werden zusammen alt. Was für eine Überraschung! Wir trafen uns 1975. Sie war 32 und ich war 28. In diesem Zeitalter ist es verblüffend, dass wir immer noch zusammen sind.

F: Gangaji und dich zusammen zu sehen, hat Wunder in meiner Beziehung gewirkt. Wir sind gerade in einer Phase, in der ich sehr klar die Muster sehe und erkenne, wo ich mich und meine Geliebte verletze und doch fühle ich mich oft noch wie im Gefängnis. Ich habe noch nicht die Kraft, da auszusteigen.

E: Doch, du hast sie. (Lacht). Zuerst ist es notwendig, es zu sehen. Solange das Muster nicht als Muster erkannt wird, wird es für wirklich gehalten. »Das ist eben einfach so, wie es ist. Du bist so, wie du bist. Ich bin so, wie ich bin. Unsere Beziehung ist, wie sie ist.« Das nennen die meisten Menschen Realität. Aber wenn du einmal hinter den Schleier gesehen hast, siehst du das Leiden, das verursacht wird. Du siehst, dass es nicht wirklich das ist, was du bist. Ab da weißt du es besser. Dann ist deine Bereitschaft gefordert, selbst wenn deine

Partnerin total in der Fixierung ist. Schau, das Problem mit dir und mir bleibt so lange, wie die Fixierung anhält. Selbst wenn du sehr klar siehst, was falsch läuft und was getan werden sollte, wird dein Sehen dennoch von der Fixierung beeinträchtigt. So kann die andere Person es nicht annehmen, weil da jemand ist, der Recht haben will. Also sei bereit, Unrecht zu haben.

F: Ich habe in den letzten Monaten oft das Gefühl, dass die Heilung zwischen meiner Partnerin und mir nur noch in Stille passieren kann. All das Reden ist so belastet mit Erinnerung.

E: Ja, nur in Stille kann geheilt werden. Stille hat nichts zu tun mit Reden oder Nicht-Reden. In Stille entsteht die Bereitschaft, dem anderen zu dienen. Du musst nicht Recht haben, du musst nicht wissen. Du kannst einfach mit dem, was da ist, in Verbindung treten. Dann kann alles offenbart werden. Wenn diese Person etwas sehen soll, dann wird sie es sehen. Nicht weil du es ihr sagst, sondern weil du bereit bist, da zu sein, ohne Urteil. Wenn dann die Wahrheit gesprochen wird, wird sie von der Ebene der Wahrheit ausgesprochen und das wird von beiden Partnern erkannt. Wenn deine Beziehung in der Tiefe der Wahrheit verpflichtet ist, dann bist du bereit, die Wahrheit zu hören, wenn sie ausgesprochen wird. Aber das kann nicht aus eurer Fixierung heraus geschehen. Es erfordert enorme Bereitschaft von euch beiden, die Wahrheit mehr zu lieben als die Beziehung. Ihr geht keinerlei Kompromisse ein für irgendetwas. In dieser Übereinstimmung kann alles offen gelegt werden, kann alles geheilt werden. Wenn es in der Beziehung um alles Mögliche andere außer der Wahrheit geht, wenn es um »meine« Sicherheit geht, »mein« Vergnügen, dann wird das ein beeinträchtigender Faktor sein. Das muss geklärt werden, bevor die Wahrheit gesehen oder ausgesprochen werden kann. Du beginnst, indem du bereit bist, mit dir selbst ehrlich zu sein.

F: Was ist meine Aufgabe in dieser Beziehung?

E: Deine Aufgabe ist es, dich nicht zu verkaufen. Dich nicht selbst zu verraten. Nicht von Angst oder Zweifel regiert zu werden. Denn wenn du dich in irgendeiner Weise selbst verrätst oder verkaufst, um dafür Sicherheit zu bekommen, wird dein Partner das spüren. Und egal, was du sagst, es wird zu nichts führen. Umgekehrt spürst auch du genau, wenn er in seiner Fixierung ist. Auch wenn du weißt, dass es wahr ist, was er sagt, kannst du trotzdem nichts tun, weil du merkst, dass es aus seiner Fixierung kommt. Sein Eigenes ist hinzugefügt. Jeder weiß, wovon ich spreche, oder?

∾

F: Ich habe meiner Freundin so viel Leid zugefügt. Jede weitere Geschichte wäre zu viel. Ich habe ihr heute einen Brief geschrieben, dass ich bereit bin, sie wirklich zu lieben.

E: Das ist eine gute Nachricht. Liebe macht so viel Angst. Keine Aggression. Keine Verteidigung. Kein Weg, um zu flüchten, kein Ort, an dem man sich verstecken kann. Einfach offenherzige Zartheit. Das ist es, was jeder liebt.

Dann bist du bereit, den Terror zu ertragen, das Brennen, das Beenden des Sichgehenlassens. Es geht wirklich darum, erwachsen zu werden und das kindische Sichgehenlassen aufzugeben. Schließe alle Ausgänge. Für immer. Gestatte dir keine Fluchtwege mehr, solange es einen Körper gibt. Auch nicht für einen einzigen Augenblick. Gib die Vorstellung auf, dass du ein *Jemand* in einem Körper bist. Gib den Stolz auf, intelligent zu sein, die Scham, nicht so gut zu sein wie die anderen. Wenn du das an der Wurzel packst, wird alles leicht. Wenn du das Unkraut »Ich bin ein Jemand« entwurzelst, wirst du überall Blumen finden. Aber solange das nur ein Gedanke ist, begegnest du überall Dornen.

∾

F: Ich möchte der Wahrheit dienen und ihr folgen. Meinem Partner ist das nicht wichtig. Ich habe mich bis jetzt davor gescheut, ihm zu sagen, dass ich so nicht mit ihm zusammenleben möchte.

E: An dem Punkt verkaufen sich die meisten Menschen. Dein Partner muss sich nicht verändern. *Du* musst der Wahrheit treu bleiben.

Egal, was passiert. Entweder dienst du der Wahrheit oder der Beziehung. Wenn du wirklich der Wahrheit dienst, dann dient das auch der Beziehung. Das kann bedeuten, dass die Beziehung endet. Du weißt es nicht. Aber die Wahrheit ist vertrauenswürdig. Diese Frau, deren Gedicht ich vorhin vorgelesen habe, hatte ein tiefes Erwachen und erkannte, dass sie ihren Ehemann nie geliebt hatte. Auch er hatte sie nie wirklich geliebt. Sie heirateten während des Studiums. Die Frau half ihm durch das Medizinstudium. Jetzt ist er ein erfolgreicher Arzt. Sie haben ein sehr bequemes Leben, sie haben Kinder, und es war alles eine Lüge. Als sie erwachte, sagte sie: »Ich kann nicht mehr bei ihm bleiben.« Aber ich sagte ihr: »Ändere gar nichts, bleib einfach der Wahrheit treu.« Und dadurch, dass sie der Wahrheit treu blieb, wussten sie nicht, ob es gut gehen würde oder nicht. Sie war nicht interessiert an dem, woran er interessiert war. Er war nicht interessiert an dem, woran sie interessiert war. Aber dadurch, dass sie der Wahrheit treu blieb, war die Glückseligkeit so überwältigend, dass sie alles in ihrer Umgebung einfach lieben musste. Ihr Mann und ihre Kinder wurden davon angesteckt. Er kommt immer noch nicht in irgendeine Gruppe. Er hat daran kein Interesse. Aber er sieht, was auch immer sie da macht, es hat gute Wirkungen und er will, dass sie mehr davon macht. (Lacht).

Die Tendenz ist, den Partner dazu bringen zu wollen, sich zu verändern. Und wenn der Partner sich nicht verändert, dann willst du gehen. Gehe nirgendwohin. Verändere dich selbst. Sei, wie du bist. Du findest Liebe überall. Es geht nicht um Weggehen oder Bleiben. Manche haben schreckliche Angst wegzugehen, manche haben schreckliche Angst zu bleiben. Es ist dasselbe. Wenn dein Partner gehen muss, dann wird er gehen. Wenn er nicht geht, dann wird er es annehmen. Das erfordert enormen Mut. Dann öffnet sich die Möglichkeit zu wahrer Lebendigkeit, wahrer Intimität.

∽

F: Ich bin hinter meiner Frau hergelaufen, aus Angst, sie zu verlieren. Jetzt bin ich wirklich hier für mich. Wenn ich Angst habe, dann renne ich ihr hinterher wie ein kleiner Hund. Und dann rebelliere ich dagegen.

E: Das alles dreht sich um *dich*. Es geht um *deine* Sicherheit, *deine* Beziehung, *deine* Frau. Was willst du wirklich?

F: Ich möchte die Wahrheit.

E: Du willst die Wahrheit. Sehr gut. Dasselbe will deine Partnerin. Dann kann es eine wahre Partnerschaft sein, die auf der Wahrheit beruht. Dann könnt ihr einander wirklich dienen. Wenn die Wahrheit wichtiger ist, als der kleine Hund zu sein oder dagegen zu rebellieren, dann hört dieses ganze Spiel auf. Dann beginnst du die subtileren Spiele zu sehen, die ihr beiden spielt. Die Spiele: »Wer hat die Kontrolle?« oder »Wer ergibt sich wem?« All diese Spiele werden aufgedeckt in der Bereitschaft, die Wahrheit zu sehen. Denn die Wahrheit ist wichtiger als die Beziehung. Dies ist ein sehr natürlicher Reifungsprozess, und er geht sehr schnell, weil ihr euch nicht bloß alle zehn Tage einmal seht. In einer Partnerschaft findet er in jeder Minute statt. Da wird es sehr heiß. Man tendiert dazu, die Veränderung vom Partner zu verlangen. Doch unabhängig vom Partner bist du dafür verantwortlich, deine Fixierung zu beenden. Wenn du Angst hast, fühle die Angst. Bewege dich nicht. Dann wird etwas Tieferes offenbart. Ihr kennt beide eure Fixierung so gut. Ihr könnt euch nichts vormachen. Dadurch ist der ganze Prozess so wirksam und gleichzeitig so intensiv. Ihr habt wirklich Glück. Es ist gut, dass du ihr hinterhergejagt bist. Ich bin froh, dass du sie nicht hast entwischen lassen.

ॐ

F: Seitdem ich mich der Liebe hingebe, geschehen Dinge, von denen ich normalerweise sagen würde, das kann ich gar nicht tun.

E: Ja, *du* kannst es auch nicht tun. Das ist es genau. Derjenige, der sich einbildet, etwas zu tun, kann überhaupt nichts tun. Wenn *er* aufhört, geschieht etwas anderes. Etwas ganz Natürliches beginnt zu fließen. Eine unbekannte Intelligenz. Das passiert nur, wenn du nichts tust. Die Chance liegt darin, das im Alltag mit deiner Partnerin zu erleben. Der Wert wahrer Partnerschaft besteht darin, dass es so herausfordernd wird, dass du mit nichts davonkommen kannst. Am Anfang besteht die Tendenz, die Liebe vom Partner zu verlangen. Du beginnst, ihm die spirituelle Wahrheit um die Ohren zu hauen. Aber in dem Moment, wo du innehältst, wo du gar nichts zu tun brauchst und auch nichts investiert hast, ist alles klar. Wenn deine Frau dich mit spirituellen Wahrheiten schlägt, wirst du es merken. Und du wirst es auch merken, wenn sie dir wirklich etwas Wahres zu sagen hat. So könnt ihr beide gute Partner füreinander sein. Du kannst genauso ihr »Gepäck« erkennen und wenn du nicht predigst, wenn du es nicht als Knüppel benutzt, wird es in der Stille deiner eigenen Bereitschaft offenbar.

F: Ich bin mit der sexuellen Lust meines Vaters nie klargekommen. Doch ich glaube, jetzt kann ich ihn lieben.

E: Du kannst deinen Vater gar nicht nicht lieben, egal, wie sehr du ihn auch hassen magst. Seine Lust war nicht liebenswert. Selbstsucht ist nie liebenswert. Fixierung ist nie liebenswert, sei es deine oder die von irgendjemand anderem. Die Fixierung ist nicht das, was liebt. Die Fixierung hasst, sie hat Angst, grollt, fühlt sich benutzt, benutzt selbst. Das alles ist Fixierung. Aber deine Liebe zu dem, den du deinen Vater nennst, ist nicht Fixierung. Es ist ein Moment, in dem Liebe Liebe trifft. Das wird von der Fixierung eingefangen und in Wollust und Hass verwandelt, in Sex und Vergnügen. Bis du mit deinem Vater abgeschlossen hast, projizierst du es auf jeden begehrenswerten Mann. Deshalb hast du dir in deinem Partner wieder einen ähnlichen Typ von Mann gesucht. Dann verliebst du dich in ihn und du hasst es. Du fühlst dich davon benutzt und gleichzeitig angezogen. Sei bereit, das alles zu beenden. Unterscheide, wo die Fixierung ist und wo die Liebe ist. Verwickle dich nicht in die Fixierung. Bleibe der Liebe treu. Dann ist alles vorbei, alles ist vergeben. Wenn alles vergeben ist, ist keine Spannung mehr in der Geschichte, sie ist ab-gewickelt. Dann kann der Abspann zu diesem Film laufen.

Jeder lässt die Fixierung immer und immer wieder mit neuen Partnern ablaufen. Der neue Partner ist derjenige, auf den deine Projektion passt und du passt zu seiner Projektion. Das nennt ihr dann Verlieben.

F: Ich hatte im letzten Satsang innerlich einen Besuch von meinem Vater. Ich habe mich endlich von ihm verabschieden können. Nicht mehr als Kind, sondern als Frau. In Liebe und Freude.

E: Jetzt ertrage einen Moment lang die Unerträglichkeit der Nichtanhaftung. Deine Tendenz wird es sein, sofort am nächsten Vater anzuhaften, am nächsten begehrenswerten Objekt. Berühre nichts. Schau, wenn du dich in die Vorstellung von einem Jemand verliebst, z. B. in die Idee von einem Eli, dann nimmst du an, dass Eli ein Körper ist und dass Eli bestimmte Verhaltensweisen zeigen wird. Und wenn Eli diese Verhaltensweisen nicht mehr zeigt, dann liebst du Eli nicht mehr. »Ich dachte, Eli wäre so. Ich dachte, er lächelt immer!« (Lacht). Das passiert. Die Menschen verliebten sich in Papaji und sie hatten eine Vorstellung, eine Projektion davon, wer Papaji ist. Und das pflegte er mit Sicherheit zu zerschmettern. Er hat jede Vorstellung davon zerstört, die du über ihn hattest. Und viele Leute sind dann weggegangen. Sie waren verärgert und haben sich verraten gefühlt. Er war auch nicht meine perfekte Vaterprojektion. Aber wenn du dich in dein eigenes Selbst verliebst und dein eigenes Selbst siehst, wenn du dasselbe Selbst in einer anderen Form und im Innern wahrnimmst, dann kannst du sehen, was tiefer ist, egal welche Form es annimmt. Und wenn du dich auf dieser Ebene verliebst, macht es nichts, was die Form tut. Dann wird alles nützlich sein.

F: Es tut so gut zu verzeihen.

E: Ja. Vollkommenes Vergeben. Innen und außen. Dir selbst und jedem, der Teil deines Dramas gewesen ist. Das alles wird aus Unwissenheit getan. Deine Eltern wussten nicht, ihre Eltern wussten nicht, genauso wenig wie deine Freunde oder dein Ehemann. Du darfst es nicht persönlich nehmen. Du siehst die Unwissenheit und dahinter die grundsätzliche Güte eines jeden. In diesem Vergeben verfliegt die ganze emotionale Ladung, das Leiden, der Schmerz. Alles kann jetzt in Frieden beendet werden. Du siehst den Kern der Sache und nun können sie sehen, wer du bist.

F: In mir ist viel Schmerz. Mein Freund war bei einer anderen Frau und ist auch nicht mehr zurückgekommen. Ich fühle mich wie ein verletztes Tier, das versucht, vor dem Schmerz wegzulaufen.

E: Was ist, wenn du nicht davor wegrennst?

F: Da ist ein Gefühl von Wertlosigkeit und auch manchmal das Bedürfnis, mich zu rächen.

E: Wenn du das wirklich zutiefst spürst, dann siehst du, wie dein Selbstwertgefühl an etwas anderes gebunden war. Aber du hast die Möglichkeit, alle Bänder der Sicherheit zu durchtrennen. Wenn du alle Sicherheit fahren lässt, dann kannst du frei und in Liebe handeln. Ob das bedeutet, bei ihm zu bleiben oder ihn zu verlassen, wer kann das sagen? Oder dich zu rächen? Wer weiß? Wenn du es als eine Gelegenheit nutzt, um zu erwachen, wirst du entweder seine Lehrerin werden oder er wird weggehen. Sonst wird nur deine Fixierung gegen seine Fixierung kämpfen. Und da du die Tendenz hast, dich der Sicherheit zuliebe zu verkaufen, wird ein Machtkampf zwischen euch stattfinden. Entweder gibt der eine nach oder der andere. Einer wird weggehen. Aber es wird nur ein Trance-Krieg sein. Wie gut, dass es geschah, während du hier bist. Du kannst es als eine Möglichkeit nutzen, um aufzuwachen. Nutze all den Schmerz, um deine Identifikation als ein verwundetes Tier zu erkennen. Dann kannst du sehen, was kein Tier ist, was tiefer ist als das Tier. Was vor dem Tier ist, nach dem Tier, während des Tieres. Wenn du bereit bist, in all den Vorstellungen über dich selbst deinen Tod zu erfahren, dann kannst du all den Schmerz, mit dem du konfrontiert wurdest, als großes Geschenk benutzen. Du kannst es nutzen, um frei zu werden. Das bedeutet, bereit zu sein, alles zu riskieren. Deine Beziehung mag bleiben oder nicht. Es ist ein sehr wichtiges Geschenk, eine große Gelegenheit.

❧

F: Ich habe große Angst, meine alltägliche Routine loszulassen und dadurch meine Identität zu verlieren, denn ich habe ein Kind.

F: Das hat mit deinem Kind nichts zu tun. Denn bevor du das Kind hattest, war die Angst auch schon da. Du hast Angst um dein Überleben, und diese Angst wird wie alle deine neurotischen Tendenzen auf dein Kind projiziert. Meinst du nicht, dass es deinem Kind lieber wäre, wenn du erwachen würdest und eine erleuchtete Mutter wärest, statt eine angsterfüllte Mutter zu sein, die versucht, alles abzusichern?

Also keine Ausrede mit deinem Kind. Kinder sind ein Grund mehr, warum du erwachen solltest. Wenn du sie wirklich lieben willst, liebe sie voll. Liebe sie ohne den neurotischen Verstand. Sei bereit, ihn der Tiefe der Liebe zu opfern. Dann wird die Rolle der Mutter durch Liebe gespielt statt durch neurotisches Sorgen. Was für eine Erleichterung für alle!

F: Ich habe Schuldgefühle, weil ich meine Familie verlassen habe. Ich wollte frei sein.

E: Du musst deine Familie nicht verlassen, um frei zu sein.

F: Aber ich liebe meinen Ehemann nicht. Ich hatte 25 Jahre lang Selbstmordgedanken und ich wusste, dass es mit meinem Mann zusammenhängt. Deshalb musste ich ihn verlassen. Jetzt fühle ich mich schuldig.

E: Was bedeutet es, sich schuldig zu fühlen? Hast du ihn dadurch verletzt, dass du ihn verlassen hast oder dadurch, dass du ihn nicht geliebt hast?

Du hast ihn verlassen, um Freiheit zu finden. Hast du die Freiheit gefunden? Finde sie voll und dann liebe deinen Mann. Wenn du Freiheit findest, findest du Liebe. Wenn du Liebe findest, kannst du ihn gar nicht nicht lieben. Ob du bei ihm bleibst oder nicht, wer weiß? Aber du wirst ihn lieben. Ein Teil von dir liebt ihn bereits, deshalb fühlst du dich schuldig. Wenn du im Gefängnis sitzt und fliehst, obwohl der Wächter dir jeden Tag zu essen gab, wirst du ihm gegenüber trotzdem keine Schuldgefühle haben. Aber wenn da etwas Tieferes ist, dann entstehen Schuldgefühle. Eure Beziehung hätte nicht so viele Jahre dauern können, wenn es da nicht etwas Tieferes gäbe. Egal wie schlimm er ist, es gibt Momente, da erkennst du das Bewusstsein in ihm und du siehst dein eigenes Selbst in ihm. Dann siehst du die Liebe in ihm und in dir, und dann siehst du sie überall.

☙

F: Was ist mit Eifersucht? Ist das nicht nur ein Ego-Trip?

E: Ja, Eifersucht ist ein Ego-Trip. Sexualität auszuagieren ist auch ein Ego-Trip. Wenn es zwei Ego-Trips gibt, die sich gegenseitig bekämpfen, herrscht Krieg. Aber wenn du die Eifersucht wirklich stoppst, bist du raus aus dem Spiel. Dann bist du klar. Wenn einer von beiden die Fixierung beendet, wird derjenige in diesem Moment der Lehrer. Wenn ihr beide in der Fixierung seid, gibt es keine Hoffnung.

F: Du sagtest einmal, dass ich mich selbst verletze, wenn ich in einem anderen Menschen Eifersucht auslöse. Womit verletze ich mich dabei?

E: Du bleibst der feinsten Ebene der Wahrheit nicht treu. Wenn du absolut ruhig bleibst, wirst du nicht durch Leidenschaft angetrieben. Leidenschaft ist Fixierung. Wenn du durch Leidenschaft angetrieben wirst, bist du in der Fixierung. Wenn du in der Fixierung bist, verrätst du dich selbst. Dieser Selbstverrat tut weh. Wenn jemand anders in diesen Selbstverrat verstrickt ist, fühlt er auch Schmerz. Wenn der Betreffende dann in die Eifersucht geht, vermeidet er den Schmerz. Das ist der Weg des Egos, Schmerz zu vermeiden. Doch wenn du ihn einfach fühlst, dann ist es sehr klar. Es gibt keine Notwendigkeit mehr, in schmerzvollen Beziehungen zu bleiben, sobald du den schmerzvollen Selbstverrat im Innern beendet hast.

Die Leidenschaft vieler Egos ist der Zweifel. Wenn du dem Zweifel nachgibst, verrätst du dich selbst. Die Leidenschaft anderer Egos ist Lust. Wenn du der Lust nachgibst, verrätst du dich selbst. Die Leidenschaft ist lediglich die Art, wie das Ego versucht, Liebe einzusaugen. Solange du Energie in die Leidenschaft verschwendest, hast du die Energie nicht für die Liebe übrig. Je mehr du dich dem Zweifel hingibst, umso weniger hast du übrig für die Wahrheit. Je mehr du dich der Wollust oder dem Stolz hingibst, umso weniger hast du übrig für das, was du wirklich willst.

F: Was ist nach der Erleuchtung mit sexueller Lust? Hast du noch den Wunsch, mit deiner Frau zu schlafen?

E: Sehr gute Frage. Wenn keine Wollust als Antrieb da ist, was dann? Dann ist Frische da und die Liebe ist der Antrieb. Eine grundverschiedene Erfahrung. Du kannst es nicht beschreiben, wenn du es nicht erfahren hast. Es ist eine gute Nachricht, das kann ich dir sagen. Es ist viel besser. Du gibst nur deine Abhängigkeiten auf. Lass uns einfach davon ausgehen, dass du süchtig auf diese Welt gekommen bist. Ja, Entzug kann schmerzhaft sein. Aber er lohnt sich.

છ

F: Du hast einmal geschrieben, als du deinen Lehrer trafst, warst du bereit, alles aufzugeben, außer der Liebe zu deiner Frau. Das hat mich sehr berührt.

E: Bevor ich meinen Lehrer treffen konnte, musste ich mich selbst prüfen. Ich wusste nicht, wen ich treffen würde, ich wusste nicht, wo ich ihn finden würde. Ich wusste nur, ich musste jemanden finden, der erwachter war als ich. Es zog mich irgendwie. Ich musste mich selbst prüfen, um herauszufinden, was ich wirklich wollte und was ich nicht bereit war aufzugeben. Persönliches Überleben war nicht so das Problem. Mutter Erde hatte immer für mich gesorgt. Das Sexuelle war viel schwerer. Das war etwas, das ich ganz lange nicht aufgeben wollte. Doch schließlich musste ich mich fragen: »Was will ich wirklich? Ist mein sexuelles Vergnügen wirklich wichtiger als mein Erwachen?« Ich wusste nicht, ob das die Entscheidung sein würde. Aber ich wusste, dass ich nicht wollte, dass die Entscheidung so lauten sollte. Aber irgendwann war ich bereit. »Wenn es das erfordert, dann sei es so.«

Die Liebe zu meiner Partnerin konnte ich nicht aufgeben. Aber ich fand heraus, dass es nicht notwendig ist, dass die Liebe die Liebe aufgibt. Unsere Beziehung wurde auf vielerlei Arten auf die Probe gestellt. Aber die Liebe wurde nicht berührt. Die Form unserer Beziehung veränderte sich oft, doch das lag nicht länger in unseren Händen. Liebe wird nicht berührt durch irgendeine Form. Da das, was du bist, Liebe selbst ist, kann nichts dich berühren. Wenn du bereit bist, die selbstbezogene Anhaftung an dir aufzugeben und dich als Liebe erkennst, bezieht sich dein Name, wann immer du ihn nennst, von da an auf Liebe und nicht mehr auf dieses Stück Fleisch. Du gibst nur deine Identifikation mit einem Stück Fleisch her, um die Wahrheit über dich zu entdecken. Das ist doch ein guter Handel!

F: Fühlst du dich so eins mit Gangaji wie mit uns?

E: (Lachen). So wie mit dir? Das verstehe ich nicht. Wenn da »jemand« ist, der sich eins fühlt mit anderen, das ist es nicht. Es gibt nur *Eines*. Nur *Eines*. Nur *ein* Bewusstsein, nur *ein* Ich. Nur *Eines*. Und dieses eine *ICH* scheint durch einen Spiegel in Millionen von Ichs gebrochen zu sein. Trillionen von Ichs. Jedes einzelne sagt: »Ich«. Nur Reflexionen. Wenn die Reflexionen und Projektionen aufhören, dann siehst du: nur *ein ICH*. In der Erscheinung eines Eli, dieses Körper-Verstands, ist die Beziehung dieses Eli zu seiner Ehefrau sehr verschieden von seiner Beziehung zu dir. Das ist die Ebene der Verschiedenheit. Auf der Ebene von Verschiedenheit gibt es Unterschiede. Es ist nicht alles ein Pudding. In der Welt der Verschiedenheit gibt es endlose Unterscheidungen. Doch woher kommen die Unterscheidungen? Sie erscheinen aus *einem* Bewusstsein. Sie sind erfüllt mit Bewusstsein und kehren zurück zu Bewusstsein. Sie sind nicht getrennt von der Totalität. Unendliche Unterschiede erscheinen im *Eins-Sein*.

F: Im letzten Seminar hast du ein Koan erzählt: »Ein Ehemann und seine Frau haben Streit. Der Ehemann geht weg in den Wald. Hat er dann immer noch Streit mit seiner Frau?«

E: Nein, das stimmt nicht ganz. Der Koan lautet: »Wenn ein Ehemann allein im Wald ist und er spricht und es ist keine Ehefrau da, um ihn zu hören, hat er immer noch Unrecht?« (Lachen).

F: Eli, in einer Woche sollte unsere Hochzeit stattfinden, doch es herrscht in unserem Leben ein Chaos wie nie zuvor. Ich schaue mir zum ersten Mal die schwierigsten Themen meines Lebens an und renne nicht weg. Was ist an dieser Heirat wahr und was ist nur eine Vorstellung? Ich spüre tief in mir, dass sie absolut wichtig ist.

E: Was macht sie wichtig?

F: Die Hingabe.

E: Ja. Die Hingabe ist wesentlich. Was ist wahr daran?

F: Die Liebe.

E: Ja. Heiraten ist das Schließen der Tür. Es ist eine Herausforderung. Es bringt alles hoch. Wirklich zu heiraten bedeutet ein ganzes Leben lang, bis zum Tod. Weißt du, ich bin kein gutes Vorbild dafür. Nachdem wir drei Jahre zusammen waren, beschlossen meine Partnerin und ich, 1978 zu heiraten. Wir luden Freunde ein und fingen schon im Vorfeld an, uns wie Ehemann und Ehefrau zu behandeln. Das war ein Alptraum. Also sagten wir die Hochzeit ab. Wir wollten erst heiraten, wenn wir nicht mehr diese furchtbaren Rollen annehmen mussten. Ich brauchte lange Zeit. Zehn Jahre später haben wir dann mit dem Versprechen geheiratet, das Erwachen des anderen zu unterstützen. Das war bedeutender als die Heirat selbst. Das Erwachen war das erste, die Hochzeit kam an zweiter Stelle. Das ist unser Herzensversprechen die ganze Zeit über geblieben und deshalb ist die Beziehung so wundervoll. Du bleibst darin bis zum Tod, was für eine Form sie auch immer annimmt.

Wenn deine Beziehung der Freiheit verpflichtet ist, dann transzendiert das die Selbstsucht jeder Beziehung. Sie wird immer noch da sein, aber sie steht in einem größeren Kontext. So eine Beziehung ist eine Arena, um die Anhaftungen aufzudecken und hinter sich zu lassen. Aber heiratet nicht im Chaos, nur im Frieden.

Wenn du der Herzensverpflichtung zur Freiheit treu bleibst, dann verschließt du alle Ausgänge. Du kannst nirgendwohin mehr flüchten. Du bist *hier* und *hier* beziehst du Stellung. Das ist eine wunderbare Vertiefung. Alles verbrennt und dein Leben erhellt sich. Diese Herzensverpflichtung erfüllt sich selbst. Das transzendiert das selbstbezogene Leiden. Dann wirst du ein Licht, das anderen gibt. Es ist nicht so, dass du es wirst, es werden nur die Schleier fortgenommen. Und andere kommen, um sich zu stärken. Wenn sie sehen, es ist für dich möglich, dann erkennen sie, dass es auch für sie möglich ist. Dann gehen auch sie ihre Herzensverpflichtung ein. Auf diese Weise verändert sich die Welt. Diese Möglichkeit besteht für jeden. Du gibst dich der Wahrheit, du gibst dich deinem Herzen. Du gehst eine Herzensverpflichtung zu etwas ein, das größer ist als dein selbstbezogenes Verstricktsein. Dann wird dein Leben ein Leben der Glückseligkeit, ein Leben in Freiheit und Frieden. Ein Leben der Liebe.

❦

F: Wie funktionieren meine Beziehungen, wenn ich nichts weiß? Dann kann ich ja nur noch zuhören.

E: Das wäre eine wunderbare Veränderung! (Lacht). Du kannst deiner Partnerin nicht wirklich zuhören, wenn du dir selbst zuhörst. Die meisten Menschen hören nicht zu. Sie sind zu beschäftigt damit, was sie als Nächstes sagen werden. Wenn du still bist, entsteht die Möglichkeit wahrer Übereinstimmung. Davor gibt es keine wahre Übereinstimmung, nur Tauschhandel: »Du gibst mir bestimmte Vergnügen, ich gebe dir etwas Sicherheit«, was auch immer für dich zutrifft. Wahre Intimität, wahrer Kontakt geschieht nur, wenn du frei von verborgenen Absichten bist.

Hier geht es um die Chance wahrer Intimität. Meine Partnerin und ich sind jetzt über zwanzig Jahre zusammen. Nachdem wir unseren Lehrer getroffen hatten, wurde uns der Boden unter den Füßen weggezogen. All die Strukturen, die wir sehr passend entwickelt hatten, waren plötzlich weg. Sie war die Hysterische, die von mir abhängig war. Ich war der Kompetente, der sich um alles kümmerte. Ich genoss es, dass ich derjenige war, der das Geld nach Hause brachte. Sie war meine Assistentin in den Seminaren. Dann veränderte sich alles. Sie war plötzlich der Sadguru, ein Lehrer der Wahrheit, und ich war der Türsteher. Eine gemeinnützige Organisation entstand, um sie zu unterstützen. Plötzlich war ich finanziell nicht mehr verantwortlich. Ich hörte auf, meine Gruppen zu leiten, um ihren Satsang zu unterstützen. So veränderte sich unsere finanzielle Position vollkommen. Die gemeinnützige Organisation arbeitete in Colorado und wir lebten in Maui. Dadurch waren wir immer mehr getrennt. Alle Strukturen, die wir uns geschaffen hatten, verschwanden. Aber es berührte die Liebe nicht. Es offenbart die Liebe, weil es auch die verborgenen Identifikationen aufdeckt. Wenn sie verbrennen, dann wird Liebe immer tiefer offenbart. Das ist das, was du willst.

∾

F: Ich spüre, dass die Beziehung zu meinem früheren Geliebten noch nicht zu Ende ist.

E: Liebe hat kein Ende. Alle Formen ändern sich. Sei ein spiritueller Freund. Das bedeutet, du hast kein Gewinninteresse mehr. Sei gegenwärtig, vollkommen erfüllt mit Wahrheit. Erfüllt mit Wahrheit bedeutet leer. Dann drückt sich die Liebe aus. Bleibe wahrhaftig. Jede Beziehung vermischt wahre Liebe mit Lust und Angst. Wahre Liebe kann nicht verleugnet werden. Jede Form kann verleugnet werden. Sie ist ihrer Natur nach Veränderung. Sie ist nie perfekt.

F: Sind unsere persönlichen Geschichten nur dazu da, uns zu trennen und die Liebe zu unterdrücken?

E: Tatsächlich tun Geschichten überhaupt nichts. Es erscheint nur so, als ob sie etwas tun. Es ist wie beim Ansehen eines Films. Im Film sieht es vielleicht so aus, als ob gerade jemand getötet wurde, aber niemand starb wirklich. Wenn die Geschichte nicht geglaubt wird, dann gibt es keine Geschichte. Glaube den Geschichten nicht. Bleibe der Wahrheit treu.

F: Da wird mir ganz heiß.

E: Gut. Das ist der Anfang des Verbrennens. Gut. Lass es so heiß wie möglich werden. Es ist ein Scheiterhaufen. Wirf alles Holz drauf. Die Holzscheite sind Requisiten zu der Geschichte. (Lacht).

❧

F: Ich habe in der Beziehung zu meinem Mann alles gegeben. Dann ist er zu einer anderen Frau gegangen. Ich war sehr verzweifelt und bin sehr krank geworden. Jetzt habe ich Satsang gefunden und kann endlich zur Ruhe kommen. Ich bin sehr glücklich damit, allein zu sein.

E: Wenn du wirklich alles in dieser Beziehung gegeben hast, dann ist das sehr gut. Wenn du alles gegeben hast, ist nichts mehr übrig. Wenn nichts mehr übrig ist, kannst du nichts mehr verlieren. Du kannst herausfinden, was nicht verloren werden kann. Du kannst herausfinden, was nicht verloren werden kann und was nicht gegeben werden kann.

Sexualität und Körper

*F: Gibt es im Zustand der Glück-
seligkeit noch sexuelles Verlangen?*

E: Wird meine Antwort darüber entscheiden, ob du an Glückseligkeit interessiert bist oder nicht? (Lachen).

F: Gibt es dann noch Triebe?

E: Meiner Erfahrung nach nicht. Ich kann nur von meiner Erfahrung
sprechen. Ich war neurotisch süchtig nach Sex. Natürlich habe ich es
nie so genannt. Ich habe es eine »spirituelle Erfahrung« genannt. In
gewisser Weise fühle ich mich mitverantwortlich für den ganzen
Tantra-Wahnsinn. Für unsere Generation, die plötzlich von den fünf-
ziger Jahren befreit wurde und die freie Liebe entdeckte, war es das
Beste, was es gab. Zusammen mit Gras und LSD war es richtig gut.
Wir sahen alles in den tantrischen Begriffen von Gott und Göttin.
Aber das ist nur der Verstand, der rechtfertigt, es weiter auszuagieren.
Wenn die Rechtfertigungen wegfallen, dann siehst du, wie es sich in
Wahrheit verhält. Dann siehst du, dass du mit deinen Geschlechts-
organen gedacht hast. Dein ganzes Leben ist von deinen Geschlechts-
organen gesteuert worden. Du sagst vielleicht: »Aber ich doch nicht!«
Doch dann erkennst du, dass es alles genetisch veranlagt ist.
   Der Körper ist die Verpackung deiner DNS-Gene. Die DNS will
sich reproduzieren. Daraus entsteht das Samen-und-Ei-Spiel. Solange
ich mit meinen Genitalien denke, denke ich: »Ich bin eben keine

monogame Person.« Doch das ist einfach der männliche Eroberer in mir, der seinen Samen mit dem Wind verstreuen will.

F: Was ist das weibliche Äquivalent?

E: Schau, die Frau hat nur eine begrenzte Anzahl Eier. Also ist jedes einzelne Ei wichtig. Deshalb willst du einen Jäger und Sammler finden, der dir helfen kann, für die Eier zu sorgen. Du untersuchst seine Ausstattung. Die meisten weiblichen Arten untersuchen zuerst den Schmuck des Männchens. Sie haben einen biologischen Instinkt, der sie wissen lässt, welcher Schmuck auf einen guten Eierbeschützer hindeutet. Das sind zwei ganz verschiedene sexuelle Steuerungsmechanismen. Es findet eine Art von sexuellem Krieg statt, der im Namen des »Liebe-Machens« ausgetragen wird. Da das mein Thema war, fragte ich meinen Lehrer bei unserer ersten Begegnung: »Was hat es denn nun auf sich mit dem Sex?« Papaji antwortete mir: »Er ist dafür da, Babys zu machen.« »Aber warum fühlt es sich so gut an?« Er lachte und sagte: »Damit du es machst.«

Wenn du nicht nach Sex süchtig bist, dann hast du Sex oder nicht, das ist dann einfach kein großes Thema. Aber wenn es etwas ist, das du unheimlich verteidigst, dann weißt du, da ist *jemand*, der Angst davor hat, etwas zu verlieren. Das musst du untersuchen. Finde heraus, was du wirklich willst. Bei anderen mag die Angst ums Überleben vorherrschend sein, bei wieder anderen die Angst um die Beziehung. Das sind die drei animalischen Triebe. Jedes Tier wird von diesen drei biologischen Triebkräften angetrieben: dem Trieb zu überleben, dem Trieb sich zu vermehren und dem Trieb zur Herde. Solange du mit dem Tierischen identifiziert bist, wird dein Leben von diesen drei Trieben motiviert. Dann wirst du *relativ* mehr Glück haben oder *relativ* weniger Glück haben. Doch schließlich findest du nach zahllosen Inkarnationen durch Gnade die Möglichkeit, aus dem Tiersein zu erwachen. Und das ist eine gute Neuigkeit. Du erkennst, dass du nur deine Süchte verlierst. Was du findest, ist unermesslich.

F: Wenn ich mir alle drei Triebe versage, wird mein Leiden dann nicht noch größer?

E: Woher weißt du das? Das dient dir nur als Begründung, weshalb du dich selbst versklavt hältst. Du hast Angst davor, das Gefängnis zu verlassen. Denn solange du im Gefängnis bist, weißt du genau, dass du dein Futter bekommst und wann du es bekommst. Du weißt, da hast du ein Bett. Deshalb sagst du: »Oje! Wenn ich das aufgebe, was bleibt mir dann?« Damit hältst du dich im Sklavendasein gefangen.

F: *Wir müssen doch nicht alle Mönche werden? Ich finde die Vorstellung schrecklich, sich von jeder weiblichen Anziehung abwenden zu sollen.*

E: Mönche sind nicht notwendigerweise erleuchtet. Finde heraus, was du willst. Dann gibst du dem dein Herz. Solange du nicht absolut weißt, wer du bist, gehört alles, was du kennst, zum Reich des Traumes. Um die Realität zu erkennen, um einen Geschmack von ihr zu entdecken, musst du bereit sein, der Nichtrealität den Rücken zu kehren. Du musst bereit sein, deine falsche Identität aufzugeben, um dein wahres Wesen zu finden. Es ist so einfach. Wenn du einen Film anschaust und das Licht sehen willst, das die Illusion erzeugt, musst du dich von der Leinwand abwenden und zum Projektor umdrehen. Dann erkennst du: Es sind nur farbige Lichter. Aber wenn du mit den farbigen Lichtern identifiziert bist, dann sagst du: »Den Teil will ich behalten und den nicht.«

F: *Wenn alle ihren Sex aufgeben, wo sollen dann die Kinder herkommen?*

E: Es geht nicht darum, Sex aufzugeben oder nicht aufzugeben. Es geht um die Bereitschaft. Was soll an Sex verkehrt sein? Es ist wie Essen oder Ausscheiden. Er dient einfach nur dazu, mehr Organismen zu produzieren. Was drum herum aufgebaut wird, ist das Problem. Was ist, wenn du nicht den Sex loswerden würdest, sondern die sexuellen Phantasien? Alle Phantasien sind Vergnügungen, die in der falschen Richtung gesucht werden. Das ist nie befriedigend. Also wird es eine Sucht, mehr zu bekommen, du versuchst, immer noch mehr dabei herauszuholen. Aber wonach du suchst, ist dauerhafte Erfüllung. Sie kann in diesem Bereich nicht gefunden werden.

F: Bedeutet das, dass der so genannte kosmische Orgasmus eine Illusion ist?

E: Ja. Jetzt weißt du es. (Lachen). Wonach im Orgasmus gesucht wird, ist Erleichterung. In der Erleichterung hat man das Gefühl, ohne Grenzen zu sein. Danach verlangt jeder. Das Problem mit dem Orgasmus ist, dass die Erfahrung nicht anhält. Dann baut sich das Verlangen wieder auf und dann musst du es wieder tun. Es gibt dir keine totale Erfüllung. Er ist das Beste, was das Tierreich zu bieten hat. Doch die wahre Glückseligkeit deines Selbst kann durch einen Orgasmus nicht erreicht werden. Das ist eine andere Dimension des Seins. Viel glückseliger.

Ein anderes Problem mit dem Orgasmus ist die emotionale Anhaftung, die damit einhergeht, sie wird richtig aufgepumpt durch den sexuellen Akt. Die emotionale Intensität erzeugt emotionale Wellen, und am nächsten Tag oder übernächsten Tag erlebst du einen Crash, weil die emotionale Welle zusammenbricht. Kommt dir das bekannt vor? Vielleicht ist es ja nur eine amerikanische Erfahrung. (Lachen).

Irgendwann entdeckst du, dass du tatsächlich die Stille des Emotionalkörpers suchst und nicht die Bewegung. Die Bewegung führt zu Höhepunkten und Abstürzen, immer wieder die gleiche Berg-und-Tal-Fahrt. Die Wahrheit deines Selbst wird in einer anderen Dimension ausgedrückt. Das Überfließen von Liebe und Freude, die Tiefe der Glückseligkeit geschehen in der Stille und nicht im emotionalen Sturm. Das, was du bist, kann durch ihn nicht berührt werden. Im Sturm ist es schwieriger zu erkennen, wer du bist. Du kannst nicht auf den Grund des Sees schauen, wenn viele Wellen auf der Oberfläche sind. Mit dem emotionalen See ist es dasselbe. Wenn die Oberfläche still und ruhig ist, dann kannst du in die Tiefe sehen.

F: Aber die sexuelle Verbindung zwischen zwei Menschen ist doch ein Geschenk?

E: Verbindung setzt voraus, dass es zwei Getrennte gibt. Wenn du erkennst, wer du bist, dann ist es sehr anders. Dann passiert wahre Intimität, wahrer Kontakt. Das andere ist Phantasie und Stimulation. Vereinigung setzt Trennung voraus und das ist keine Realität. Ich

schlage vor, Realität ist das, was nicht kommt und geht. Wenn es erscheint und verschwindet, nennen wir es Illusion, Magie. Entdecke,
was niemals kommt und geht. *Du* kommst und gehst nie. Wenn du
weißt, wer du bist, dann weißt du, was nicht kommt und geht. Dann
wirst du sehen, ob es irgendeine Trennung gibt, die Vereinigung notwendig macht. Dann ist wahre Beziehung möglich. Es geht nicht um
Sex oder Nicht-Sex. Das ist nicht der Punkt. Einige, die erwachen,
haben zum ersten Mal richtigen Sex, ohne dieses ganze Extrazeug
drum herum. Das kann sehr heilend sein. Aber wenn du ein Junkie
bist, wie du und ich, dann ist Entzug angesagt. Wenn du clean bist,
hat Sex eine ganz andere Bedeutung. Aber du kannst es erst erfahren,
wenn du deine Abhängigkeit, die ganzen Erwartungen und Anhaftungen daran aufgegeben hast.

*F: Für mich ist die dringlichste Frage: »Wie komme ich am schnellsten
los von der Sucht? Mir war es oft vom Kopf her klar und ich habe vom
Kopf her die Entscheidung getroffen, nur noch mit meiner Frau zu schlafen. Aber dadurch habe ich den Sex nur auf die mentale Ebene verlagert
und das Verlangen wurde dadurch eher noch stärker. So viele Menschen
entscheiden sich vom Kopf her, aber dann läuft es im Kopf weiter ab.*

E: Ja, das ist das Über-Ich. Der Richter, der sagt, wie das Ego sich verhalten sollte. Wenn das Über-Ich jetzt eine Vorstellung hat, was das
Ich tun sollte, dann entstehen Unterdrückung und Groll. Das führt
wiederum zu Rebellion dagegen und dann fühlst du wieder Scham
und Schuld. Dann willst du es wieder richtig machen, dann gibt es
wieder Groll, dann wieder die Rebellion …

F: Das ist sehr anstrengend.

E: Ja, wir alle haben das versucht. Das Über-Ich bekommt es nicht
in den Griff. Wenn du dich für die Liebe entscheidest, bekommst
du überall enorme Unterstützung und du wirst viele Prüfungen erfahren. In deinem inneren Selbstgespräch gibt es den Puritaner und den
Hedonisten. Der Puritaner kommt mit einem strikten Programm,
darüber wird der Hedonist sauer und fragt sich, wer daran schuld ist:
»Das verdiene ich nicht. Alle anderen machen es, warum darf ich das

nicht? Ich bin erst 50 Jahre alt, ich hab es noch gar nicht richtig gelebt. Ich muß noch mehr davon haben.« Verbünde dich mit keinem
von beiden: weder mit dem Hedonisten noch mit dem Puritaner.
Darin liegt die Herausforderung. Ich kann nur von meiner eigenen
Erfahrung sprechen. Meine Frau hat es vor mir verstanden. Sie for-
derte Monogamie von mir: »Wenn du es nicht willst, okay, aber nicht
mit mir. Wenn du mit mir zusammenbleiben willst, musst du monogam leben.« Ich wusste, dass sie Recht hatte und dass Leiden geschaffen wurde. Dennoch war ich nicht wirklich bereit, es aufzugeben.
Also versuchte ich Kompromisse zu machen, indem ich vortäuschte,
dass da auch wirklich nichts vor sich ging. Ich heiratete im April
1989, nachdem wir 13 Jahre zusammengelebt hatten. Es vergingen
keine sechs Monate, schon schlief ich mit einer anderen Frau. Daraus
entstand enormes Leiden. Zuerst litt ich nicht. Alle um mich herum
litten und dann ließen sie mich leiden. Schließlich musste ich einsehen: Ich bin selbstsüchtig. Das war sehr hart zu sehen. Ich betrach-
tete mich selbst als Bodhisattva, als jemanden, der der Befreiung anderer dient, ich fand mich nicht selbstsüchtig. Doch ich musste erkennen, dass es immer um *mein* Vergnügen gegangen war. Irgendwann entstand die Bereitschaft, kein Leid mehr zu verursachen, was
auch immer das bedeutet. Dann ist Stille. Es ist nicht mehr in deinem Kopf. Es gibt nichts mehr, wogegen du rebellieren müsstest.

∾

*F: Ich habe dieses sexuelle Spiel früher sehr genossen. Doch jetzt nehme
ich es als Versuchung wahr.*

E: Ja, das ist richtig und du hast Angst davor. Das ist der Punkt. Du
willst dich nicht mehr verführen lassen. Jetzt musst du dem begegnen,
ohne dich zu bewegen. Ohne es zu unterdrücken und ohne es aus-
zuleben. Heiße es willkommen. All die Gedanken, die du unterdrückt
hast, werden kommen. All die Sexualität, die du verdrängt hast, wird
hochkommen. Diese enorme Kontrolle existiert, weil diese starke
Sexualität da ist. Du denkst, du musst sie unter Kontrolle haben.
Stoppe das alles. Lass alles erscheinen. Es erschien dir nur so mächtig,
weil es so stark unterdrückt wurde. Dadurch entsteht die Angst, dass

es pervertiert zum Ausdruck kommen könnte. Wenn du einen Deckel sehr fest auf etwas drückst, quellen an den Seiten komische Formen heraus. Das werden dann die Alpträume. Also nimmst du einfach den Deckel ab und erfährst, was da ist. Es ist nur deine eigene Energie. Bewege dich nicht. Dann verbrennt es. Die Unterdrückung durch das Über-Ich ist eine Imitation des Sichnichtbewegens. Du versuchst, dich von der Erfahrung abzutrennen. Aber natürlich ist darin eine enorme Bewegung. Eine Bewegung gegen die Impulse.

F: Aber ich muss es nicht ausagieren? Ich habe immer gelernt, dass ich alles ausleben muss.

E: Du brauchst überhaupt nichts zu tun. Dies ist das Ende des Tuns. Alles Tun ist nur ein Gedanke. »Ich sollte etwas tun.« Das ist nur ein Gedanke. Es ist die Magie von Maya, der Welt der Täuschung. »Ich sollte etwas tun. Ich sollte etwas nicht tun.« Das ist dasselbe. Im Nichtbewegen erscheinen alle Polaritäten und verschwinden wieder. »Ich sollte – Ich sollte nicht« kommt auf und verschwindet. »Ich will – ich will nicht. Ich weiß, was zu tun ist. Ich weiß es nicht.« All das kommt hoch, um erfahren und verbrannt zu werden. All die tiefen sexuellen Gefühle kommen hoch, um erfahren zu werden und zu verbrennen. Wenn diese Unterdrückung dann vorbei ist und der Krieg zwischen Verdrängung und Ausleben endet, dann wird diese weite Stille offenbar. Dann hat Sexualität eine ganz andere Bedeutung, es wird eine andere Erfahrung. Dann ist zum ersten Mal eine andere Ebene der Intimität möglich, eine Intimität, die noch tiefer geht als Sexualität.

∽

F: Mein Bedürfnis nach Sexualität und ihr Ausleben hat seit einiger Zeit aufgehört. Ich konnte nichts dagegen tun und ich fühlte mich meinem Mann gegenüber oft schuldig dafür.

E: Du kannst deinen Mann auf andere Art und Weise wesentlich besser lieben und viel intimer mit ihm sein. Viel intimer als durch Sex. Frei zu sein bedeutet zu realisieren, wer du bist. Zu erkennen, wer du bist, bedeutet, die Rollen zu sehen, für die du dich gehalten hast. Du bist keine Ehefrau, du bist keine Mutter, du bist keine Frau, und das weißt du. Es ist Zeit zu sein, wer du bist. Egal, was sie denken oder sagen mögen. Jeder in deiner Familie will in der Tiefe, dass du Liebe bist.

∽

F: Ich habe manchmal das Gefühl, aus meinem Körper herauszugehen.

E: Du kannst deinen Körper verlassen oder nicht. Finde heraus, *wer* das tut. Solange du nicht weißt, *wer* den Körper verlässt, ist es alles Ignoranz. Alle Informationen und Erfahrungen, die du sammelst, beruhen auf Ignoranz. Wenn du herausfindest, wer du bist, dann entdeckst du wahre Weisheit, leere Intelligenz, wahre Klarheit. Werde intelligenter. Sonst ist es nur Ignoranz, die Gespenster jagt.

∽

F: Ich habe seit einigen Jahren Schmerzen, also eine Spannung in meinem Kopf. Ich habe viel ausprobiert, aber jetzt bin ich ratlos, wie ich damit fertig werden kann.

E: Was wäre, wenn es niemals weggehen würde, was für einen Unterschied machte das?

F: Wenn es weg ist, fühle ich mich freier.

E: Und wenn es wiederkommt, bist du nicht frei? Weißt du, der Körper ist nur alterndes Fleisch, das obendrein nicht im Kühlschrank lagert. (Lacht). Wenn du dich als Körper identifizierst, kannst du nie frei sein. Der Körper wird nie frei sein. Er ist konditioniert und befindet sich auf dem Weg zum Friedhof. Wenn du den Körper brauchst, um dich so oder so fühlen zu können, dann ist das zum Scheitern verurteilt. Freisein bedeutet, deine wahre Identität zu realisieren. Um deine wahre Identität zu erkennen, musst du deiner falschen Identität den Rücken kehren. Es ist sehr einfach.

Alltag – die Kunst
des Nicht-Tuns

Es ist eine subtile Gratwanderung, weder in Tagträumerei noch in hektische Aktivitäten zu verfallen. Das subtile Element dabei ist, vollkommen wach zu sein, nirgendwo hinzugehen und nirgendwo nicht hinzugehen. Dann kehrst du zur Stille zurück. Im *Augenblick* liegt eine einfache Frische. Wer du bist, ist nicht vorhersagbar und sehr einfach. Du kannst es dir nicht vorstellen. Deine Vorstellung beruht nur auf der Vergangenheit.

Stell dir vor, jeder, der diese Zeilen liest, entscheidet sich, ein Bodhisattva zu sein, entscheidet sich, zum Wohle aller zu erwachen. Wie würde die Welt aussehen? Das ist die einzige Hoffnung für die Welt. Das ist der einzige Weg für dich persönlich. Bereit zu sein, deine Selbstsucht für das Wohl aller aufzugeben. Zum Wohl deiner selbst, zum Wohl der Welt. Wenn du dann ein Bodhisattva des Mitgefühls bist, wer weiß, was du tun wirst? Du tust, was auch immer sich zeigt. Wenn Wäsche auftaucht, dann wäschst du die Wäsche. Und auch das macht Spaß.

F: Wenn ich still bin, fühle ich die Anwesenheit von etwas Großem auf mich zukommen und das macht mir Angst und ich weiche zurück.

E: Du kannst dich selbst nur bis zu einem gewissen Punkt führen. Danach geht es um Hingabe. Sonst wäre da immer noch der Stolz dessen, der es getan hat. Wenn deine Zeit gekommen ist, bist du dran. Manchmal wirst du regelrecht gezehrt, es wird an dir »gekaut« und es wird so unerträglich, dass du dich aufbäumst. Dadurch entsteht dieses Spiel von Absorbiertwerden und Wiederauftauchen, Absorbiertwerden und Wiederauftauchen. Doch deine Aufgabe ist beendet, wenn du dich hingegeben hast. Dann bist du vollkommen verantwortlich, ohne etwas zu tun. Es geht nicht darum, Aktivitäten im Außen zu stoppen. Das ist nur ein weiteres Tun, das Tun des Nichttuns. Aktivitäten gehen weiter oder nicht. Es geht darum, deine Identifikation von dem zu lösen, der das alles tut.

F: Es geht so schnell, wieder ins Tun zu geraten.

E: Wenn du dich ablenkst, scheint es so, als ob es schnell passiert. Wenn du vollkommen entspannt und wach bist, dann bist du feinstes Bewusstsein. Dann siehst du, dass es eigentlich ziemlich langsam passiert. Es gibt immer einen Moment der Entscheidung. Er scheint vielleicht klein, aber du weißt, dass er da ist, das ist genug. Tatsächlich ist dieser Moment unendlich groß.

F: Ich fühle mich entweder absolut unwichtig oder sehr wichtig. Gestern versuchte ich mich selbst nicht so wichtig zu nehmen und in Stille zu sein, doch ich wurde immer aufgeregter.

E: Ja, das Versuchen selbst ist die Aktivität. Du stellst dir vor, dass da jemand ist, der etwas tun muss. »Jetzt muss ich Stille herstellen.« Was ist, wenn du beide Polaritäten fallen lässt? Sei vollkommen ruhig, verwundbar, offen. Nichts zu tun. In diesem Moment. Keine Vergangenheit, keine Zukunft. Kein Gedanke. *Hier.*

F: Das ist sehr schön. Einfach sein. Aber dann kommen sofort wieder Zweifel ...

E: Dieser erste Gedanke, dieses »Aber ...«, stoppe ihn. Was bleibt dann übrig?

F: Ruhe.

F: Ich verstehe, was du mit »Nicht-Tun« meinst, doch da ich hier im Westen lebe ...

E: Stopp. Warte. »Doch da ich hier im Westen lebe ...«, das ist bereits zuviel Tun. Was auch immer danach kommt, ist es nicht. Lass dieses ganze Ding fallen mit »im Westen leben, etc. ...« Wenn du die Leere erkennst, wo ist dann Norden und Süden? Lass alle Bilder gehen und dann stelle deine Frage. Ohne Bilder, ohne Gedanken.

F: *Als Künstlerin gibt es einen Kampf in mir zwischen meiner Suche nach Frieden und Wahrheit und auf der anderen Seite nach Kreativität und Lachen.*

E: Dein einziges Problem ist deine Identifikation als Künstlerin. Das bringt das Wollen oder Nichtwollen hervor. Wenn du eine Vorstellung von dir selbst als einer Künstlerin hast, dann ist da *jemand*, der etwas tut. Dann wird es nie große Kunst sein. Sie wird beruhen auf Bildern deiner Vergangenheit und eingeschränkt sein durch deine Vorstellung von dir selbst. Wenn deine Vorstellung von dir selbst dahin zurückkehrt, wo sie herkommt, dann werden die Dinge ihren natürlichen Lauf nehmen. Es geht nicht um Tun oder Nicht-Tun. Stoppe beides. Dann erkennst du die Leere. Dann lässt du die Leere die Kunst kreieren. Wie auch immer die Leere sich ausdrückt. Aber zuerst sieh, wer du bist, tiefer als eine Künstlerin, tiefer als dieser Körper, tiefer als oben und unten.

∾

F: *Was ist mit der Verantwortung für den Rest der Welt? Was ist mit all den Menschen, die hungern? Ist es nicht selbstsüchtig, mich nur noch um mich zu kümmern?*

E: Ich rede *nur* von deiner Verantwortung für den Rest der Welt. Nimm sie vollständig an. Doch wie kannst du am besten helfen? Indem du mit dir beginnst. Bevor du dir selbst nicht vollkommen geholfen hast, kannst du niemandem helfen. Das ist oft genug versucht worden. Alle Revolutionen drehten sich um die Frage: Was ist mit dem Leiden der Welt? Wenn du aufwachst, hält dich nichts und niemand mehr in der Herde. Wenn du aus dem Reagieren auf die Welt heraus bist und dich auch nicht mehr verkaufst, dann bist du wirklich frei von selbstsüchtiger Verstrickung. Dann bist du fähig, wirklich zu dienen und du beginnst bei denen, die dir nahe stehen. Sie greifen es auf, und die, die mit ihnen verbunden sind, nehmen es von ihnen auf. Das ist die einzige Art, wie es funktionieren kann.

F: Aber dafür brauchen wir viel Geduld?!

E: Nein, nein, nein! Ich habe überhaupt keine Geduld, ich will, dass du es *jetzt* tust. Bitte mich nicht darum, geduldig zu sein. Wenn *du* jetzt aufwachst, gibt es einen leidenden Punkt weniger auf Mutter Erde.

☙

F: Ich habe Angst, mit meinem Beruf meine Zeit zu verschwenden, anstatt mich um mich zu kümmern. Ich bin manchmal neidisch auf diejenigen, die psychologisch oder spirituell arbeiten.

E: Das hat nichts mit deiner Arbeit zu tun. Wenn du dir selbst treu bleibst, wenn du bereit bist, dich hinzugeben, dann gibst du alles der Liebe. Du gibst deine Vorstellung auf, wie es sein sollte. Was auch immer dein Beruf dann ist, es wird ein Dienen sein. Wer auch immer in Kontakt mit dir kommt, wird davon profitieren. Als was arbeitest du?

F: Als Ärztin.

E: Schau, du bist in so einer wunderbaren Position, um zu dienen! Und dann willst du etwas anderes tun? Das ist verrückt. Der einzige Grund, warum sie mir den Job hier gegeben haben, ist, weil ich nichts anderes kann. Ich könnte nie ein Arzt sein. Ich habe die Voraussetzungen nicht erfüllt, also bekam ich, was übrig blieb. Sei vollkommen aktiv im Außen und sei vollkommen still im Innern. Lass alle Aktivitäten im Außen der Liebe dienen. Egal, wie das aussehen wird. Die Liebe wird es dir zeigen. Du wirst sehen, je ruhiger du im Innern bist, umso produktiver bist du im Außen.

F: Ich habe das Gefühl, ich muss in meinem Beruf so tun, als ob.

E: Das ist kein Problem. Ich tue auch so, als ob. (Lacht). Damit können wir spielen. Wir täuschen vor. Du tust so, als hättest du einen denkenden Geist und ich tue so, als ob ich ihn durchtrenne. Das ist Chirurgie.

၎

F: Ich hatte schon immer ein Problem mit meiner Arbeit. Ich habe meine Arbeit oft gewechselt, weil ich nie etwas finden konnte, das mich befriedigt hat.

E: Das ist richtig. So kannst du es nicht finden. Du benutzt die Arbeit, um die Angst zu vermeiden. Du versuchst, Samadhi (den Zustand glückseliger Versenkung) zu finden, aber du schaust immer in die falsche Richtung. Du schaust nach außen und in die Zukunft. Verlaufen deine Beziehungen auch so?

F: Ja.

E: *Hier* wird es immer etwas eng und da drüben beginnt es, etwas sonniger und spannender auszusehen, stimmt's? Letztendlich wirst du stillhalten müssen.

F: Ich habe zum ersten Mal für ein ganzes Jahr keine Pläne. Aber das ist schwer auszuhalten.

E: Was ist, wenn du der Zukunft die Tür verschließt und nie wieder in die Zukunft schaltest? Beende die Zukunft! Dann fühlst du alles, was hier ist, alles was vermieden wurde, den Schmerz. Während sich deine Fähigkeit vertieft, den Schmerz zu ertragen, verankerst du dich selbst, dazu entschieden, dich nicht zu bewegen. Dann vertieft sich alles. Dann findest du im Innern, was du immer im Außen gesucht hast. Bereitschaft bedeutet: »Egal, wie unbequem es ist und wie lange es dauert, ich bleibe am Ball. Ich bleibe *hier*. Ich laufe nicht wieder davon.« Dann erscheinen die Versuchungen, um dich herauszufordern.

F: Seit Jahren suche ich nach einer Antwort auf die Frage: »Was will ich wirklich?« Jetzt weiß ich es. Ich suche die Wahrheit. Doch angesichts dessen erscheint mein Studium, das ich gerade begonnen habe, wie ein Kasperletheater. Ich weiß nicht, ob es gut ist, aufzugeben oder zu bleiben.

E: Sehr gut. Du hast Jahre damit zugebracht, herauszufinden, was du wirklich willst. Jetzt weißt du es. Du willst die Wahrheit. Das ist es. Diese Wahrheit wird nur entdeckt in der Tiefe deines eigenen Herzens. Und da du die Wahrheit willst, musst du all die Lügen durchschauen. Du durchschaust alle Lügen dieses Spiels. Das bedeutet nicht, dass du weggehen musst. Es bedeutet auch nicht, dass du bleiben musst. Ich habe keine Ahnung. Aber du kannst deinem Herzen vertrauen. Es kann sein, dass du dieses Puppenspiel und die Lügen siehst und dennoch bleibst, weil da noch etwas Tieferes zu entdecken ist. Entscheidend ist, dass du weißt, was du willst. Doch die Wahrheit zu finden hat nichts damit zu tun, etwas an den äußeren Umständen zu verändern. Wenn du die Wahrheit in dir selbst findest, bleibe ihr treu. Jeder Umstand wird dann eine Gelegenheit sein. Vielleicht ist es sehr wichtig für dich, dass du da bleibst. Vielleicht ist es wichtig für dich, von dort wegzugehen. Wenn du der Wahrheit deines Herzens treu bleibst, trifft dein Herz die Entscheidung. Das hat nichts zu tun mit deinem Kopf.

✿

F: Mein Beruf besteht darin, kulturelles Erbe und die Erinnerung an die Geschichte zu bewahren.

E: Nichts muß sich im Außen verändern. Du kannst deine Arbeit aus der Fixierung heraus tun oder aus dem Frieden. Dann ist es einfach die natürliche Tätigkeit des Körpers. Der Körper-Verstand setzt seine Aktivität fort. Er spielt eine Rolle. Ein Spiel. Dieses Spiel wird Lila genannt. Wenn du glaubst, du bist die Rolle, dann wird das Samsara (die Welt des Leidens, der Kreislauf von Tod und Wiedergeburt) genannt. Samsara ist die Hölle. Die Hölle ist das Ich, das versucht, etwas zu tun. »Ich mit meinen Wünschen, ich mit meiner Willenskraft. Ich, der das festhält und jenes zurückweist.« Das ist Hölle.

Du brauchst deine Willenskraft nicht zu benutzen, um deine persönlichen Bedürfnisse zu erfüllen, denn du *bist* erfüllt. Dann ist die Rolle nur ein Spiel. Du bist in einem Film, du hast deine Rolle. Es sieht so aus, als ob Leute sterben und geboren werden, all das läuft ab. Und dann ist die Aufnahme vorbei und du ziehst dein Kostüm aus. Wenn du glaubst, du bist diese Rolle, dann macht es dich verrückt.

∽

F: Du sagst, Köpfe haben zur Wahrheit keinen Zutritt. Aber wenn ich ins Studium zurückgehe, bin ich gezwungen, wieder meinen Kopf zu gebrauchen. Ich sehe keinen Weg, dieses Studium mit der Liebe zu verbinden.

E: Jede Übung kann nützlich sein. Ich übe immer, egal was es ist, z. B. Bügeln lernen. Ich bin nicht sehr gut darin, aber ich übe. Das hat nichts damit zu tun, wer ich bin. Es hat nur damit zu tun, wie ich meine Zeit verbringe. Ich weiß nicht, ob du an deiner Uni bleiben solltest. Folge deinem Herzen. Lauf nicht weg, erzwinge nichts. Wenn du deinem Herzen treu bleibst, wird alles, was du tust, mit Liebe verbunden sein.

F: Meine liebste Übung ist herauszufinden, wer ich bin.

E: Aber das ist keine Übung. Wenn du das zu einer Übung machst, dann wird es Zeiten geben, in denen du es tust und Zeiten, in denen du es nicht tust. Und dann denkst du: »Oh, heute habe ich meine Übung vergessen.« Aber wenn es eine Liebesbeziehung ist, dann ist es keine Übung. Wenn du dich in jemanden verliebst, brauchst du nicht darüber nachzudenken: »Wie war doch noch einmal sein Name?« Wenn du wirklich verliebt bist, dann ist dein Geliebter überall. Dann ist keine Übung notwendig. Also verliebe dich in dein Selbst.

F: Ich hatte vor Jahren die Vision, dass es meine Aufgabe ist, mich und die Welt zu heilen. Ich habe viel an mir selbst gearbeitet. Ich arbeite im Umweltschutz, ich kann gut lehren und denke zu wissen, was zu tun ist. Ich habe begonnen, mir und meinen Eltern zu verzeihen und mich zu lieben. Doch meiner Freundin gegenüber falle ich noch oft ins Predigen.

E: Was ist dieses Selbst, das du liebst?

F: Es ist grenzenlos, es ist Licht.

E: Also grenzenloses Licht. Wer liebt das?

F: Mein kleines Ego.

E: Ja. (Lacht). Du beginnst damit, dir selbst zu vergeben und dich zu lieben. Das alles gehört zum Bereich der Egostärkung. Das ist sehr nützlich. Die wahre Heilung ist das Erkennen, wer du bist. Du hast ein Konzept davon, von grenzenlosem Licht und Vergebung. Ich rede von der *Erfahrung* deines Selbst. Das wahre Heilen ist das Vergessen aller Konzepte. Du gehst direkt hinein, indem du bereit bist, dich hinzugeben an das, was du »mein Selbst« nennst. Derjenige, der denkt, er weiß Bescheid, derjenige, der arbeitet, derjenige, der predigt, gibt sich hin.

Ich bin sicher, du siehst die Situation der Welt sehr klar und tust eine nützliche Arbeit. Doch sie wird nur Früchte tragen, wenn du in dir selbst Früchte trägst. Nur wenn du das hohe Opfer in dir bringst, wird es dir möglich sein, diese Möglichkeit anderen anzubieten. Sonst wirst du immer von einer Position des Predigens und des Rechthabens kommen. Selbst wenn du dann Recht hast, hast du Unrecht. Denn die Worte tragen eine Botschaft der Rechthaberei in sich. Selbst wenn die Worte richtig sind, ist die Energie, die diese Worte erfüllt, Ego. Um deine Aufgabe zu erfüllen und die Welt zu heilen, sei bereit zu opfern. Du weißt, dass das Opfer angenommen wurde, wenn du überfließt vor grenzenloser Liebe. Der Verstand ist ruhig und fällt in diesen Ozean unbegrenzter Liebe. Dann brauchst du keine Position, du musst nicht Recht haben. Die Arbeit geht weiter, doch die Worte tragen eine tiefere Botschaft. Dann kommt ein tiefer Frieden mit den Worten. Tiefe Liebe. Das ist eine gute Nachricht! Für dich und für die Welt. Und für deine Freundin! (Lacht). Denn selbst wenn sie weiß, dass es richtig ist, was du sagst, kann sie dem nicht nachgeben, weil es als Knüppel benutzt wird. Es ist eine Form der Versklavung. Und das will sie nicht und du willst es auch nicht. Also ist es gut, dass sie stark genug ist, dem nicht nachzugeben.

☙

F: Ich fühle irgendwie, dass ich an einem Tiefpunkt angelangt bin. Ich habe keine Lust auf eine neue Beziehung oder eine neue Arbeit.

E: Das ist sehr gut. Dann hast du die Möglichkeit, durch den Tiefpunkt hindurchzufallen und dich nicht wieder aufzurappeln und alles von neuem zu beginnen. Du musst die Welt um dich herum satt haben, um bereit zu sein, dich von ihr abzuwenden. Du musst entweder genug gewonnen oder genug verloren haben, um zu erkennen, dass das alles nicht so interessant ist. Du bekommst nicht, was du wirklich willst. Also schaust du in eine andere Richtung. Du musst genug Versagen erlebt oder Erfolg gehabt haben, um erkennen zu können, dass es das nicht ist. Beim Erfolg fällt das schwerer, weil er stolz macht, und der Arroganz des Stolzes ist schwerer ins Gesicht zu schauen als dem Leiden der Niederlage.

F: Aber wenn ich von der Welt gelangweilt und dennoch gezwungen bin, für meinen Lebensunterhalt zu sorgen, ist das doch schwierig. Was mache ich, wenn ich eine Arbeit habe, die ich nicht liebe?

E: Es geht nicht um Lieben oder Nicht-Lieben. Tu deine Arbeit einfach ohne Eigeninteresse. Erwarte nicht, dass sie dir etwas gibt. Wenn du in dein Herz gehst und die Wahrheit deiner selbst findest, bewegt dich etwas anderes. Wenn du die Arbeit wechseln sollst, dann wechselst du sie. Wenn nicht, dann nicht. Wenn du die Wahrheit entdeckt hast, dann wird, egal wo du bist, das dein Satsang sein. Satsang bedeutet nicht, dass jemand vorn sitzt. Satsang bedeutet, dass du weißt, wer du bist und dass du in Stille bist. Was auch immer deine Arbeitsumgebung sein mag: Du bist im Dienen. Hausfrau, Präsidentin, Sekretärin, das ist egal. Du wirst in Satsang sein.

☙

F: Ich habe sehr viel Druck in meinem Leben. Ich möchte Klarheit in meinem Leben.

E: Druck ist die Last von *jemandem*, der etwas tut. Irgendwann bist du bereit, diese Last niederzulegen. Nichts mehr zu tun. Der Tuende hat nichts mehr zu tun, außer zu verschwinden. Dann scheint Klarheit ganz natürlich hindurch.

F: Ich weiß nicht, wie.

E: Du gibst die Kontrolle auf, indem du dich einfach entspannst. Der Verstand hat nichts zu tun, nichts zusammenzuhalten, er kann sich entspannen. Er fällt in tiefere Klarheit.

Denken – Realität – Bewusstsein

Alles, was wir hier tun, ist, den magischen Bann des Verstandes aufzulösen. Wenn kein Wort das bedeutet, was du glaubst, das es bedeutet, zieht das den Boden unter jeder Sicherheit weg. Dadurch öffnet sich die Möglichkeit, nicht zu wissen. Im Nichtwissen liegt die Möglichkeit des Entdeckens. Im Wissen gibt es keine Möglichkeit zu entdecken. Dann gehst du in die Natur und denkst: »Oh, ja, da ist ein Baum; da ist ein Vogel; da ist ein Hügel.« Das ist totes Wissen. Aber in der Frische des Nichtwissens offenbaren sich unendliche Möglichkeiten zu tiefer Entdeckung.

෴

F: Ich hatte gerade die Erfahrung, nicht mehr da zu sein. Dann habe ich es geprüft und habe auf die Menschen hier geschaut und wusste wieder, dass ich hier bin. Aber etwa zwanzig Sekunden lang war ich nicht da.

E: Du brauchst nur eine Sekunde. Das ist eine Herabkunft der Gnade. Du hattest eine Gelegenheit, die Beschaffenheit des Traumes zu erkennen und zu sehen, dass, was du für wirklich hältst, nicht wirklich ist. Der Körper funktioniert weiter, aber du erkennst, dass du nicht der Körper bist. Die Gnade kommt von außen und du arbeitest von innen, dann trefft ihr euch. Dann hast du darüber nachgedacht, wo du bist. Über etwas nachdenken bedeutet, du trennst dich von der Erfahrung ab. Was wir Realität nennen, ist eine Übereinkunft. Es bedarf des Übereinkommens aller, um die Welt aufrechtzuerhalten. Wenn ein Kind geboren wird, ist sein Blickfeld viel weiter. Es muss sein Sehen immer mehr beschränken, um es auf bestimmte Objekte auszurichten, um die Hinweise der Eltern aufzunehmen und die Welt aufzunehmen. In diesen wenigen Sekunden der Verwirklichung, hast du da geträumt?

F: Nein, da war gar nichts.

E: Das ist das Erwachen aus dem Traum. Du hattest die Augen offen, schautest herum, hast die Wahrheit für einen Moment gesehen und dann hast du beschlossen, noch eine Weile weiterzuschlafen. Aber du weißt, dass diese wenigen Sekunden kein Tagtraum waren. Es war Kontakt mit der Realität. Es war klar, bewusst und präsent. So, wie du bist.

❧

E: Der »Fall aus dem Paradies« besteht unter anderem darin, allem einen Namen zu geben. Indem du alle Objekte benennst, gerät alles unter einen Bann. Dadurch siehst du die Dinge nicht mehr wie sie sind, sondern als Namen. Und du siehst deine Assoziationen, die mit dem Namen verbunden sind. So beginnen Menschen, in ihrer persönlichen Trance-Blase zu leben. Das, was wir Realität nennen, ist eine Art Wachtraum. Unsere Sinne sind nur für ein ganz kleines Spektrum von Realität offen. Wir sehen nur einen kleinen Ausschnitt, den wir Realität nennen. Und dann geben wir ihm Namen: Das ist ein Baum, das ist eine Uhr. Indem wir es benennen, nehmen wir es aus dem Universum heraus und machen es zu einem abgetrennten Objekt. Wenn wir einige Spektren Licht mehr sehen könnten, würden wir erkennen, dass nichts getrennt ist. Es erscheint nur wie eine Trennung. Jede Person läuft in ihrer eigenen Trance-Blase herum und nennt sie Realität. (Lacht).

F: Also wäre es hilfreich, wenn wir all das, was wir einmal gelernt haben, vergessen würden? Um dann diesen Planeten neu und frisch zu betreten wie der kleine Prinz?

E: Du musst nicht alles vergessen. Hör nur auf, daran festzuhalten. Alles ist frisch. Jeder Moment. Bring nur die Vergangenheit nicht hinein.

☙

F: Du hast uns den Rat gegeben, die Wahrheit mehr zu lieben als unsere Beziehungen. Kann die Wahrheit denn nicht erst geliebt werden, wenn man sie kennt?

E: Wenn die Wahrheit gekannt wird, wird sie sehr schal. Sie ist frisch im Moment. Sonst wird es *die* Wahrheit. Je tiefer du dich hingibst, umso weiter wird dein Geist. Du wirst offener für die unbekannte Weite, du empfängst mehr Erkenntnisse. Im Dienst dieser Offenbarungen findet der Verstand seinen angemessenen Platz. Wenn du den Verstand für deine Geschichte benutzt, dann ist das endlos. Du nutzt ihn dann, um in deine Vergangenheit oder in deine Zukunft zu wandern. Dann gibt es keinen Raum für frische, gegenwärtige Offenbarung.

F: Ich möchte das Leiden beenden und die Wahrheit sehen. Ich fühle mich so zerbrechlich.

E: Je stiller du wirst, umso klarer bemerkst du, wie unzerbrechlich du bist. Die Stille des Wassers. Klar und ruhig. Wenn du Kieselsteine hineinwirfst, macht das dem Wasser nichts, aber du kannst den Grund nicht mehr sehen. Das Werfen von Gedanken ins Wasser ist das, was du zerbrechlich nennst.

F: Gibt es eine kosmische Gesetzmäßigkeit wie Karma? Und wenn es so etwas gibt, wie kann man es überwinden und hast du dein Karma schon überwunden?

E: Karma bedeutet treibende Kraft. Wenn du geboren wirst, ist das wie eine Welle all deiner vergangenen Entscheidungen und Wünsche. Diese Welle treibt diesen Körper in eine neue Inkarnation. Die Welle deiner Wünsche rollt durch das Leben und am anderen Ende wieder hinaus. Wenn du stirbst, rollen all die unerfüllten Wünsche weiter ins nächste Leben. Solange du nur deine eigenen Projektionen erfährst, ist es alles Karma. Es ist dein eigenes Denken, das sich selbst projiziert. All das beruht auf der dynamischen Kraft der Vergangenheit. Du wählst mechanisch bestimmte Partner, bestimmte Freunde. Wenn du aufwachst, siehst du: Wer du bist, wird von Karma nicht berührt. Der Körper, die Emotionen und das Denken sind Reste von vergangenem Karma. Wenn du dich nicht wieder mit der Fernsehshow identifizierst, dann rückt diese weite Stille immer mehr in den Vordergrund. Du erkennst, dass sie nach allen Richtungen unendlich ist. Dann verlangsamt sich das Muster von selber. Tatsächlich lässt dein Bewusstsein noch eine ganze Weile die Gewohnheit laufen, um zu sehen, ob du dich immer noch darin verwickeln willst. Wenn du dich nicht wieder hineinfallen lässt, haucht sie ihr Leben aus. Sie löst sich von selber auf, nach ihrem eigenen Gesetz. Du brauchst dich nicht einzumischen.

F: Überwinde ich auch die Dualität, wenn ich das Karma überwinde?

E: Karma existiert nur im Bereich der Dualität. Es bedeutet Ursache und Wirkung: Ich treffe diese Entscheidung und sie hat diese Wirkungen. Ich habe dieses Verlangen, das hat jene Wirkungen. Du erzeugst Wellen. Das alles findet im Bereich der Dualität statt. Du kannst den Bereich der Dualität nicht verändern. Du kannst ihn nicht nicht-dual machen. Aber du erkennst, worin dieses Reich der Dualität erscheint, woher es kommt, wohin es geht. *Wer* erfährt es? Dann siehst du, was nicht von Dualität berührt wird.

F: Also wäre die Überwindung der Dualität der Eingang ins Paradies?

E: Nein. Du überwindest Dualität nicht. Paradies ist der Gegensatz von Hölle. Beides sind Polaritäten des Denkens. Beide existieren im Bereich des Karma. Derjenige, der die Dualität überwinden will, ist das einzige Hindernis. Derjenige, der die Dualität sieht, existiert nur im Bereich der Dualität und kann deshalb die Dualität nie überwinden. Wenn du derjenige bist, steckst du für ewig im Bereich der Dualität fest. Zeiten im Himmel und Zeiten in der Hölle. Das alles befindet sich im Bereich des Denkens. Himmel und Hölle. Ich und Du. Das Reich des Verstandes ist das Reich der Dualität, das Reich von Maya. Maya bedeutet Dualität.

F: Ich habe die Vorstellung, dass man kein Mensch mehr ist, wenn man die Einheit mit dem Göttlichen erreicht; dann ist man ein Heiliger.

E: Das ist wahr. Du erkennst, dass du nie ein Mensch warst. Du bist inkarniert in einer menschlichen Form. Das ist ein großes Geschenk. Eine Segnung. Satsang ist nur in der Hölle erforderlich.

ლ

F: Worauf soll ich die Aufmerksamkeit richten, wenn ich meditiere?

E: Was willst du in der Meditation?

F: Heilung.

E: Was bedeutet Heilung?

F: Einssein.

E: *Einssein* braucht keine Heilung und nichts kann in das *Einssein* hineingeholt und geheilt werden. Einheit bedeutet *Alles*. Wirklich alles. Also gibt es nichts außerhalb von *Einssein*. Wenn es irgendetwas gäbe außerhalb der Einheit, dann wäre es nicht Einssein. Totale, homogene Existenz überall. Was ist es, was du heilen willst?

F: Mein Getrenntsein.

E: Es gibt nur eine vorgestellte Trennung. Du kannst sie nicht heilen. Wenn du von der Totalität getrennt wärest, wäre es nicht Totalität. Du hast eine Vorstellung von Trennung und diese Vorstellung kann nicht geheilt werden. Die Vorstellung selbst ist Trennung, also lass einfach die Vorstellung der Trennung fallen. Das bedeutet Meditation. Meditation bedeutet 24 Stunden am Tag. Die Praxis, deinen

Atem zu beobachten oder ein Mantra zu benutzen, mag nützlich sein, um auf verschiedene Arten mit dem Verstand zu arbeiten. Aber das ist nicht Meditation. Meditation ist Dhyana. Dhyana bedeutet kein Gedanke. Kein Gedanke – keine Trennung. Es ist dasselbe. Wenn du im Gefühl der Getrenntheit dasitzt und versuchst, es zu heilen, dann ist das unmöglich. Derjenige, der im Gefühl der Getrenntheit dasitzt und verschiedene Übungen und Prozesse benutzt, ist dadurch einfach getrennt. All die Aktivitäten sind Aktivitäten der Trennung. In Getrenntheit zu sitzen und zu versuchen, in die Einheit zu gelangen, ist eine hoffnungslose Aufgabe. Denn derjenige, der all das versucht, ist gerade die Trennung. Und selbst das ist keine Trennung, sondern nur eine Vorstellung von Trennung. Trennung bedeutet das Erscheinen eines Individuums, das »ich« sagt, »das bin ich«, »ich werde das heilen«. Totalität braucht keine Heilung und Totalität denkt nicht, dass irgendetwas sonst Heilung braucht. Es ist nur die Vorstellung von Trennung, die versucht, sich selbst zu heilen. Das gleicht einem Hund, der seinen Schwanz jagt.

❦

F: Ich habe während eines Vipassana-Meditationskurses gelernt, meine körperlichen Empfindungen zu beobachten. Ist Meditation ein Hindernis auf dem Weg der Erleuchtung?

E: Es kann in einem gewissen Stadium nützlich sein. Wenn du nicht weißt, was du wirklich willst, wird Meditation dir helfen, zur Ruhe zu kommen, und das kann nützlich sein. Sie kann dich Disziplin lehren und zeigen, wie der denkende Geist funktioniert. Doch oft ist das, was Meditation genannt wird, eine Vermeidung von dem, was hier ist. Es ist dann der Versuch, in einen bestimmten Zustand zu gelangen. Ich mag Vipassana. Die Beobachtung der Empfindungen ist nützlich, um dich von ihnen zu lösen. Durch die Beobachtung deiner Gedanken kannst du dich von ihnen lösen. Du kannst erkennen: Das ist es nicht, was du bist. Ein sehr wichtiger Schritt. Dann wende dich dem zu, der beobachtet hat, um herauszufinden, wer da ist.

F: Ich will, dass der Zweifel weggeht. Ich glaube, das geht nur, wenn ich alles weiß.

E: Ja. Doch du kannst nicht *alles*, eins nach dem anderen wissen, du kannst nur alles als *Ganzes* wissen. Also erkenne das *Ganze*. Aber um das *Ganze* zu erkennen, musst du jedes einzelne Ding loslassen, das du kennst.

 споре

F: Meine Fixierung kommt mir vor wie ein Spinnennetz. Seit ich dich kenne, sind die Löcher größer geworden.

E: Es scheint so, wenn die Substanz der Erscheinungswelt nicht geprüft wird. Und dann hat dieses *Ich* eine spirituelle Erfahrung. Das reißt ein Loch in dieses Netz. Du erkennst, dass da tatsächlich kein fester Boden ist. Doch es ist eine begrenzte Erfahrung, denn ihr geht ein *Ich* voraus, und auch danach gibt es ein *Ich*. Also ist dieses eingebildete *Ich* immer noch die Ausgangsbasis, auf der spirituelle Erfahrungen kommen und gehen. Aber wenn du oft genug diese Erfahrung von Löchern im Netz hast und deine Bereitschaft groß genug ist, in dieses Unbekannte zu tauchen, dann siehst du die Wahrheit deiner selbst. Erfahrungen erscheinen und verschwinden dann in der Weite deines Selbst. Es ist einfach eine Verlagerung zur grundlegenden Ebene des Seins. Du ziehst den Teppich unter dir weg.

 споре

F: Ich habe immer noch nicht gefunden, wonach ich suche.

E: Du brauchst nach nichts zu suchen. Wenn du all dein Suchen aufgibst, wird sich alles zeigen. Suchen ist die Vermeidung dessen, was hier ist. Du gehst woanders hin. Sei bereit, mit allem aufzuhören und einfach präsent zu sein. Sei einfach präsent. Was immer sich dann zeigt, erfahre es. Denn was du wirklich finden willst, ist *Das*, was du bist. Und was du bist, kann nicht gefunden werden, indem du irgendwo suchst. *Es* ist derjenige, der sucht. In der Dualität des Verstandes existiert ein Beobachter, der etwas beobachtet, ein Subjekt und ein Objekt. Und das Subjekt sucht und sucht und sucht. Aber wonach du suchst, ist das Subjekt. Hör auf, nach irgendeinem Objekt zu suchen, dann öffnet sich alles und strahlendes Bewusstsein leuchtet in alle Richtungen. Das Subjekt wird sein eigenes Objekt. Nichts muss getan werden. Beende alles Tun und alle Spiele. Dann spielt die Stille.

∞

F: Es ist so verwirrend, wenn nach diesen tiefen Zuständen von Frieden und Klarheit die Zweifel und alten Muster wiederkommen.

E: In meiner Erfahrung ist das gang und gäbe. Du schaust in die Tiefen der Wahrheit. Das ist, als ob sich das Meer teilt. Das Meer von Samsara teilt sich und du siehst ganz bis auf den Grund. Du erkennst den Grund und du weißt, es gibt keinen Grund. Du erkennst deine eigene Natur. Und dann fällt das Wasser wieder zusammen. Das ist nicht angenehm, es ist keine Freude. Es ist die dynamische Kraft deines eigenen Karmas, die zurückkommt. Wenn du sie nicht nährst, verlangsamt sie sich. Als ich Papaji zum ersten Mal traf, wollte ich wirklich, dass der denkende Geist aufhört und das geschah. Zuvor hatte mir niemand gesagt, dass das überhaupt möglich ist. Ich lebte einen ganzen Monat ohne »Mind.« So tief, so glückselig, keine Zweifel, kein Problem. Nichts. Nur eine immer tiefere Verwirklichung der Stille und der Liebe. Dann verließ ich Indien und flog zurück. Meine Frau erwartete mich. Sie machte mir eine Eifersuchtsszene und ich merkte, wie die Wut und Verzweiflung tief aus dem Innern hochkamen.

Eine Zeit lang siehst du den Horror des Ausagierens dieser karmischen Dynamik. Aber wenn du dich nicht darin gehen lässt, geht es vorbei. Du machst es nur schlimmer, wenn du dich dann auch noch dafür bestrafst. Rechtfertige es nicht und verleugne es auch nicht. Klage dich nicht an. Ich kann nicht sagen, dass sich von dem Moment, als ich meinen Lehrer traf, bis heute etwas grundlegend verändert hat. Aber im Außen scheinen große Veränderungen stattgefunden zu haben. Denn auch nachdem ich meinen Lehrer traf und schließlich alles beendete, setzte sich die karmische Dynamik dieses Lebens fort. Es war so viel Stolz und Arroganz in mir gewesen. Das kam jetzt alles von außen auf mich zurück. Es dauerte mindestens ein Jahr oder länger. Ein enormer Hass traf mich immer wieder. Aber ich musste erkennen, dass ich das ein Leben lang kreiert hatte und nun kam es zurück. Ich hatte mein Leben damit verbracht zu hassen: den Feind zu hassen, die Ignoranz zu hassen, die Mörder, die Umweltverschmutzer. Jetzt, wo das alles aufhörte, kam diese Projektion des Hasses auf mich zurück. Ertrage es. Es zeigt dir die versteckten Identifikationen. Ich hatte das Gefühl, Eisberge loszuwerden. Ganze große Stücke glitten plötzlich von mir ab. Die innere Veränderung schmolz das Äußere. Lass alles verbrennen. Nimm nichts persönlich.

F: Wie kann man erleuchtetes Bewusstsein haben, das Denken aufgeben und trotzdem noch funktionieren?

E: Du gehst davon aus, dass Bewusstsein dumm ist. Wenn du jetzt für einen Moment aufhörst zu denken … bist du dann präsent?

F: Ja.

E: Kannst du mich verstehen? Tatsächlich kannst du mich besser hören, weil du nicht zu dir selbst sprichst.

F: Ja. Aber ich kann nicht zu dir sprechen.

E: Wirklich? Hör auf zu denken und lass es aus dem Unbekannten sprechen. Da ist Frische, Gegenwärtigkeit, Präsenz. Es geht darum, intelligenter zu sein. Wer du bist, ist Intelligenz selbst. Deine ständigen inneren Selbstgespräche halten dich von deiner wirklichen Intelligenz ab. Wenn du Holz hackst, wird dein Holzhacken besser sein, wenn dein Verstand ruhig ist. Die großen Entdeckungen eines Wissenschaftlers geschehen aus der Stille des Unbekannten heraus.

F: *Welche Technik gibt es, um die ständige Aktivität, das Denken im Kopf anzuhalten?*

E: Es ist nicht wirklich eine Technik. Es ist die Bereitschaft, alles zu fühlen, ohne dich zu bewegen. Nicht bewegen bedeutet: Du bist bereit, vollkommen *hier* zu sein. Wenn du vollkommen *hier* bist, erfährst du alles, was auch immer hier ist. Immer wenn Zweifel aufkommt und deine Selbstgespräche beginnen, sind das nur Signale, um wieder hierher zurückzukommen. Bewegen bedeutet, in deinen Kopf zu schalten und über deine Gefühle zu sprechen. Alle Techniken haben *jemanden*, der etwas tut und dieser *Jemand* ist das einzige Problem. Also muss dieser *Jemand* einfach bereit sein, nach innen zu fallen und alles zu fühlen.

F: *Ich erlebe immer wieder Momente tiefen Friedens. Doch dann kommen zwangsläufig die Gedanken wieder.*

E: Ja, einen Moment lang erlebst du Frieden. Und dann kommt der erste Gedanke wieder: »Aber ...« Was ist, wenn du diesen Gedanken nicht berührst? Was ist, wenn dieser Gedanke nicht mehr Bedeutung hat als die Geräusche außerhalb des Raumes?

F: *Ja, aber ...*

E: Genau das. (Lacht). Im Moment gibt es kein »aber ...«. Du kannst mit dem nächsten Gedanken deine alte Geschichte wieder aufgreifen oder du lässt ihn zurückfallen. Du brauchst die Bereitschaft, kein weiteres »aber ...« aufzugreifen. Du brauchst kein »aber ...«. Es ist der Zweifel, es ist die Sucht. Es ist der Junkie, der sagt: »Ich brauche nur noch einmal mehr. Nur noch einen Schuss von »aber«. (Lacht). Bemerke deine Tendenz, den nächsten Gedanken aufzugreifen. Berühre ihn nicht. Selbst wenn er angeboten wird. Er bedeutet nichts. Er bedeutet weniger als die Geräusche im Außen.

F: *Sind nicht alle Pläne und Zielsetzungen ein Vermeiden, nach Hause zu kommen?*

E: Ja. Diese ganze Vorstellung eines *Ich*, das etwas kreiert. Wer ist dieses *Ich*, das etwas kreiert? Natürlich funktioniert es. Es ist eine Art von Magie. Aber *wer* macht die Magie? Der, der die Magie macht, ist das Hindernis, nach Hause zu gehen. Die Dinge geschehen einfach, also brauchst du dich nicht darin zu verwickeln. Solange es *deine* Last ist, die Realität zu kreieren, gibt es Leiden. Es ist wirklich eine Last. Du kannst nicht wirklich irgendetwas kreieren. *Alles, was du tun kannst, ist, deine Vergangenheit auf deine Zukunft zu projizieren. Der Weg zur Glückseligkeit ist die Bereitschaft, die Tür zur Zukunft zu schließen.*

F: *Aber was ist mit meiner Aufgabe?*

E: Ja, finde heraus, was deine Aufgabe ist, wenn du deine Geschichte beendet hast. Sonst ist es alles selbstsüchtig. Es geht immer um *mich*. *Meine* Kreation. *Meine* Macht zu erschaffen, *meine* Aufgabe. Das alles beginnt mit »*mein*«. Und das ist das einzige Hindernis, nach Hause zu kommen. Wenn dieses »*mein*« verschwindet, dann gibt es kein Bedürfnis mehr zu kreieren. Du siehst, dass der Schöpfer sehr gut dafür sorgt. Schau, solange du denkst, *du* müsstest etwas kreieren, vertraust du dem Schöpfer nicht.

F: *Wer ist der Schöpfer?*

E: Es gibt nur *ein* Bewusstsein und das manifestierte Universum ist dieses Bewusstsein.

F: *Ich bin doch auch ein Teil davon.*

E: Nein, *du* bist DAS. Erkenne dich als DAS. Aber um das zu erkennen, musst du den Glauben aufgeben, dass du ein Teil davon bist. Das Ego ist der Hochstapler, der behauptet, Gott zu sein. Wenn das Ego verschwindet, beginnst du ein Leben im Dienen zu führen. Dann zeigt sich deine Aufgabe ganz spontan.

Du hörst auf, Entscheidungen zu treffen. Du gibst dich hin und triffst nur die eine Entscheidung: Ich muss frei sein. Ich muss die Wahrheit kennen. Das ist die Entscheidung zur Hingabe. Ja, du hast enorme Macht, im Verstand zu kreieren. Und diese Macht gibst du hin. Du gibst sie zurück, woher sie kam. Und in dieser Hingabe übernimmt etwas anderes die Kontrolle. Etwas, das umfassen kann, was du nicht fassen konntest. Du gibst dich wirklich, so wie du bist, dem Unbekannten hin, dieser unaussprechlichen Realität. *Es* absorbiert dich. *Es* erfasst, was du nicht fassen kannst. Denn es ist dein eigenes Herz. Das ist die Heimkehr.

∾

F: Sind Besessenheiten und Geistwesen auch nur Vorstellungen?

E: Im Reich der Formen gibt es unendliche Vielfalt. Subtile Formen, feine Formen. Finde heraus, wer du bist. Mach dir keine Sorgen um alles andere.

∾

F: Hast du früher auch mit Therapiemethoden gearbeitet, in denen es um Selbstverantwortung geht?

E: Ja, zuerst übernimmst du Verantwortung. Das bedeutet, du hörst auf, Opfer zu sein. Dann siehst du die Möglichkeit, auch das abzugeben. Therapeutisch zu arbeiten bedeutet lediglich, in die Trance des Klienten einzutreten. Wenn du dazu bereit bist, wird es eine Reflexion in der Leere geben, sodass du dich selbst klarer sehen kannst. Stille Reinheit. Das ist die Heimkehr. Und der Beginn. Diese Metapher der Heimkehr ist die Geschichte von Luzifer, Gottes Lieblingsengel. Luzifer ist der denkende Geist, das Ego. Der, der sagt: »Okay, ich habe Gott Äonen lang gepriesen, was ist jetzt mit mir?« Daraufhin wird Luzifer in den finsteren Abgrund gestürzt. Luzifer bedeutet »der Bringer des Lichts«. Das Denken, das die Erscheinungswelt erzeugt. Egal wie gut die Erscheinungswelt auch ist, aus irgendeinem Grund ist sie immer eine Hölle. Irgendwann hat Luzifer die Hölle so satt. Auch wenn sie sich so gut anfühlt: »So viel Macht, wie ich will. So viel Sex, wie ich will. So viel Geld, wie ich will. Trotzdem ist es eine Hölle.« Zu guter Letzt kehrt Luzifer zu seinem Ursprung zurück.

Der Bringer des Lichts kehrt zum Licht zurück. Der denkende Geist gibt sich wieder hin, zurück in das Herz. Das ist eine sehr glückliche Heimkehr.

F: Ich habe noch eine Frage zur Kreativität. Du hast gesagt, Kreativität ist, wenn das Ich kreiert.

E: Nein, das ist keine Kreativität. Wahre Kreativität geschieht, wenn niemand da ist, der es tut. Jeder Künstler wird dir bestätigen: Es ist ein Ausdruck des Unbekannten.

Du erschaffst *deine* Realität. Aber das ist nicht kreativ. Einer der Tricks des Geistes ist, sich vorzustellen, Freiheit bedeute, mehr Wahlmöglichkeiten zu haben. Wahre Freiheit lässt keine Wahl.

Es ist wahr, was auch immer du willst, wirst du bekommen. Deshalb ist es so wichtig, klar zu sehen, was du willst. Das ist die große Gefahr mit der New-Age-Tendenz: »Ich kreiere meine Realität selbst.« Realität kreieren bedeutet, einfach mehr Ego zu kreieren. Mehr Macht für *mich*, mehr Geld für *mich*, mehr Sex für *mich*. Du kannst es bekommen, aber du kreierst damit die Hölle.

F: Wie kann ich sicher sein, dass es nicht nur wieder Identifizierung mit dem Ego ist, wenn ich sage: »Ich habe die Kraft dazu«?

E: Das *ist* Identifizierung mit dem Ego. Sage nicht: »Ich habe irgendetwas.« »Ich habe ...« ist Ego. *Ich* ist Ego. Lass das *Ich* dahin zurückgehen, woher es kommt.

F: Wie?

E: Indem du bereit bist. Bereit sein bedeutet, allem den Rücken zu kehren: »Wie werde ich meinen Lebensunterhalt verdienen? Wie werde ich abgesichert bleiben? Wie wird es bequem sein? Wie werde ich mein Leben leben?« In all dem hast du dich etwas anderem verdingt. Du denkst, du musst ein Ego haben, um zu überleben.

F: Mir kommt immer wieder der Gedanke, dass es nicht möglich ist, den Verstand zu überschreiten.

E: Wenn du dem Gedanken folgst, lebst du im Verstand. Es ist ein Gedanke, der sich selbst bewahrheitet. Wenn du ihm glaubst, dann stimmt er. Wenn du ihm nicht glaubst, stimmt er nicht. Also empfehle ich: Glaube keinem Gedanken. Bleibe bei deinen Erfahrungen. Warum misstraust du dem Gedanken nicht? Am leichtesten ist es, überhaupt keinen Gedanken zu haben. Das Nächstleichteste ist: Es gibt Gedanken, aber es macht nichts. Sie sind leer. Wenn du denkst, dass die Gedanken wirklich sind, dann wird es schwer.

F: *Gedanken sind so vertraut.*

E: Na und? Lass den Gedanken hochkommen: »Ich bin Anne.« Lass ihn erscheinen und schau, woraus er besteht.

F: *Aus Nichts.*

E: Das ist richtig. Nichts. Wie real ist es?

F: *Es ist wie Luft.*

E: Noch nicht mal, aber so ähnlich. Jetzt hast du erfahren, aus was Gedanken bestehen. Jetzt kannst du deiner Erfahrung vertrauen oder deinen Gedanken.

F: *Die Leere ist so unermesslich, dass es mir Angst macht.*

E: Also ertrage die Unerträglichkeit dieser Angst. Doch einem Gedanken zu glauben, das ist, wie im Dunkeln zu pfeifen: »Oh, hier sind wir sicher und warm. Kein schwarzer Mann wird uns kriegen!« (Lacht).

❧

F: *Ich bin noch nicht ganz erwacht. Ich spüre die Leere manchmal, aber dann wird sie wieder von Gedanken bedeckt.*

E: Du musst die Leere nur einmal erfahren. Dann heißt du alles willkommen, was erfahren werden will und du bleibst still. Die Überdeckungen kommen und gehen. Depressionen kommen und gehen. Angst kommt und geht. Glückseligkeit kommt und geht. *Du* kommst und gehst nicht. Du kannst es in jedem Moment überprüfen und schauen, ob die Leere da ist.

Wie groß ist diese Leere?

Ist sie groß genug, um deinen Körper aufzunehmen? Finde es heraus.
Ist Leere groß genug, diesen Raum aufzunehmen? Erfahre es.
Ist Leere groß genug, um dieses große Land zu enthalten?
Ist sie tief genug und weit genug?
Ist die Leere groß genug, um die ganze Welt zu enthalten?
Ist sie groß genug und tief genug?
Ist sie groß genug, das Sonnensystem zu enthalten? Kann sie so tief sein?
Ist die Leere wirklich groß genug, um die ganze Milchstraße zu enthalten?
Billionen von Sternen?
Ist sie in deiner Erfahrung groß genug, um die Billionen anderer Galaxien zu enthalten?
Ist sie groß genug, um das ganze Universum zu enthalten? Ist sie weit genug?

Wenn Leere so groß ist, vibriert alles, was in ihr erscheint,
vom Feinsten bis zum Gröbsten.
Es ist eine Vibration in der Leere.
Wenn du das Ganze auf einmal hörst, das ist das Lied Gottes.
Jedes Ding vibriert in seiner Wurzel.
Diese Vibration ist ein Klang.
Dieser Klang ist das Wort Gottes.
Alles vibriert.
Wenn es ein Ding ist, hat es eine Vibration.
Jede Vibration hat einen Klang.
Wenn sie einen Klang hat, dann hat sie ein Wort.
Das ist das lebendige Wort.

Jeder Moment,
in dem du dich entscheidest, dich vom Universum abzuwenden,
von den Galaxien hin zu unserem Sonnensystem,
zu unserem Planeten, zu diesem Kontinent,
zu diesem Land, zu diesem Raum,
in diesen Körper,
wenn du dann nur dich sehen kannst
in jedem Moment,
in dem du dich abwendest von der Vollkommenheit
der göttlichen Melodie,
entsteht das Gefühl, Gott hätte dich verlassen,
Gott wäre nicht hier.
Was hier ist, scheint schmutzig, laut und rauh,
ohne Harmonie.
Dann fühlst du Schuld und Scham,
weil du dich abgewendet hast.
Als ob das jemanden kümmert. (Lacht).
Als ob du die göttliche Harmonie beeinträchtigen könntest.
Die göttliche Harmonie schließt alles mit ein.
Alles.
Auch dein Abwenden.
Das Licht enthält die Dunkelheit.
Alles ist eingeschlossen. Der Teufel, das Böse.
Alles hat seinen Platz.

Also, wo ist dein Platz?
Wenn du dir vorstellen willst, dass du getrennt bist,
dann ist das okay.

Es macht nur nicht so viel Spaß.

Der Weg nach Hause

Du lebst an der Oberfläche, in deinen Gedanken. In deinen Geheimnissen, Urteilen, Geschichten, einem ständig laufenden Kommentar zu allem. Du fühlst dich verletzt, traurig, verwirrt oder in Liebe. Das alles ist dasselbe. Es ist der Wahnsinn, an der Oberfläche zu treiben. Aber in der Bereitschaft, nur einen Moment lang die Gedanken loszulassen und die Angst zu fühlen, findest du etwas Tieferes. Wenn du die Oberfläche so satt bekommst, wirst du merken, dass du mehr und mehr nach innen sinkst, um all dem Müll ins Gesicht zu schauen und all die verleugneten Gefühle fühlen. Um herauszufinden, was tiefer ist. Dann wird das Leben beginnen. Bis dahin ist es alles nur Einbildung und Leiden. Mit Momenten von Vergnügen, mit Momenten von Schmerz. Auf einem Hintergrund der Unzufriedenheit. Höre auf, Leiden zu verursachen. Wenn du schon Leiden für dich verursachst, dann verursache kein Leiden für jemand anderen. Wenn du absolut bereit bist, niemand anderem mehr Leid zuzufügen, dann entdeckst du, dass du genauso aufhören musst, dir selbst Leid zuzufügen. Ist es nicht erstaunlich, wie die Menschen am Leiden anhaften? Sie haben furchtbare Angst vor der Glückseligkeit, weil sie so groß ist.

∽

F: Du hast sehr viel ausprobiert und gemacht, bevor du Poonjaji getroffen hast. Waren das alles notwendige Vorbereitungen, um den letzten Schritt zu gehen? Brauchen wir nicht alle gewisse Vorbereitungen?

E: Ich wusste es nicht besser. 1972 hatte ich eine tiefe Erleuchtung. Ich war 24 Jahre alt. Ich wurde vom FBI verfolgt und war verzweifelt. Ich hatte keinen spirituellen Lehrer. Aber irgendwie hatte ich dieses tiefe Erwachen. Ich erkannte ganz klar, wer ich war. Aber damit war es nicht zu Ende. Denn bei allen psychedelischen Erfahrungen kommt der Verstand zurück. Und obwohl ich wusste, wer ich war, hatte ich immer noch diesen Glauben an meine Geschichte. Ich wusste, ich musste meinen Lehrer finden. Es hat 18 Jahre gedauert. Bedeutet das, ich war nicht bereit? Vielleicht. Wer kann das sagen? Aber eines weiß ich. Wenn du jetzt die Wahrheit hörst, bist du bereit. Als ich sie zum ersten Mal hörte, war ich bereit. Also wenn du sie hörst, bist du bereit. Es dauert einige Leben lang, bis du bereit bist, die Wahrheit zu hören. Also, bist du bereit?

F: Ich spüre gerade sehr tief, wie oft wir uns durch unsere Gedanken, durch unser Ego selbst verletzen und erniedrigen. Ich bin so müde davon. Warum gibt es überhaupt Leiden? Wer hat das eingerichtet?

E: Du. Du hast es eingerichtet, um dir selbst eine Lernaufgabe zu stellen. Liebe ist sehr bereitwillig. Sie wird dir so viel Spielraum geben, wie du willst, so viel Droge, wie du willst. Sie wird dir geben, was auch immer du willst, bis du krank davon wirst, bis dir übel davon wird oder du dich umbringst. So lange, bis du schließlich deine Lektion lernst. Bis du das Leid siehst, das du kreiert hast. Bis du die Grausamkeit siehst, innen und außen. Dann wirst du erwachsen. Du sagst: »Genug. Okay, ich bin bereit, alles zu ertragen, was notwendig ist, um nach Hause zurückzukehren.« Fühle diesen enormen Schmerz des Leidens, das ist wichtig. Denn die Vermeidung dessen hält alles in Gang. Du gibst anderen die Schuld an dem Schmerz oder du versuchst, mit Drogen, Sex oder Arbeit den Schmerz abzutöten. Irgendwann sagst du: »Es ist Zeit, das Leiden zu beenden. Egal, wie schmerzhaft es ist. Ich stehe dafür gerade.« Fühle den Schmerz dieser Welt. Kein Schutz ist nötig. Du bist das Herz dieser Welt.

F: Ich bin so verzweifelt, weil ich immer wieder in meine alten Muster zurückfalle.

E: Wenn du zurückgehst in deine alten Geschichten, dann ist Verzweiflung der Weg, auf dem du wieder herauskommst. Geh in die Verzweiflung. Geh hinein und finde heraus, was tiefer ist. Die Verzweiflung ist der letzte Rückhalt des Egos. Renne nicht weg. Dahinter ist das Ende, das Ende der Geschichte. Wenn die Geschichte endet, wird etwas Tieferes offenbart. All deine Geschichten beruhen auf der einen Geschichte: »Ich«. Am Ende jeder dieser Geschichten ist Hoffnungslosigkeit. Das ist der geheime Weg nach draußen. Jede Geschichte endet dort.

F: Was mache ich, wenn ich nicht mehr weiter weiß?

E: Sei ruhig, halt einmal ganz an. Falle tiefer in die Ruhe, um alles zu erfahren. Erfahre die Verzweiflung, ohne eine Geschichte damit zu verbinden. Dann wirst du ruhiger und du fällst tiefer. Jeder, der schon einmal in einer gefährlichen Situation war, z. B. bei einem Feuer oder einem Unfall, weiß, in einem Moment hört plötzlich alles auf und es gibt nur noch absolute Klarheit. Es ist fast so, als wenn alles in Zeitlupe abläuft. Du bist so präsent, dass sich alles von selbst entfaltet. Davor jedoch, mit all den Sorgen: »Oh, was sollte ich tun?«, bist du verloren, verwirrt, hoffnungslos. Jede Angst ist Angst vor der Zukunft. Im Jetzt gibt es keine Angst. Wenn der Hund dich tatsächlich beißt, hast du keine Angst mehr. Das Schlimmste ist bereits passiert und du wirst aggressiv.

❧

F: Ich spüre tiefe Gegensätze in mir. Einerseits eine große Lebensfreude und andererseits eine tiefe Lebensmüdigkeit und Anstrengung. Dazwischen liegt oft gähnende Langeweile.

E: Das Ganze ist eine Trance des Leidens, selbst das, was du Freude nennst. Du hast einen Aspekt der Lebensfreude auf der einen Seite, in der Mitte ist Langeweile und am anderen Ende Anstrengung und Mühe. Aber das ganze Paket ist das, was aufgegeben werden muss. Du willst nur die eine Hälfte aufgeben und die andere behalten.

Doch was du Freude nennst, ist vielleicht keine wahre Freude. Wahre Freude hat keine äußere Ursache. Es ist eine Falle des Verstandes, der immer wieder in neuen Erfahrungen nach Freude sucht. Und das funktioniert nicht. Und dazwischen liegt die Langeweile. Langeweile entsteht aus der Angst, sich dem zu stellen, was hier ist. Es ist unmöglich, wirklich gelangweilt zu sein, wenn du bereit bist, alles zu erfahren. Wenn du nicht bereit bist zu erfahren, was hier ist, dann bist du in einer kleinen Schachtel und fängst an, dich zu langweilen. Dann musst du viele Aktivitäten starten. Die Welt ist tatsächlich schön. Aber du benutzt sie als eine Ablenkung von dem, was hier ist. Du gehst raus, schaust dir die Natur an, schaust dir verschiedene Geschäfte an, um nicht zu fühlen, was hier ist. Wenn all das aufhört, gibt es eine Pause. Anstatt in diese Pause hineinzufallen und den Terror zu fühlen, den emotionalen Schmerz über den Verlust des Kontaktes, springst du in das nächste Vorhaben. Du denkst über die Zukunft nach, machst neue Pläne und hast neue tolle Sachen, die du tun willst. Du kannst nicht nur einen Teil davon loswerden. Du kannst nicht ein Ende der Polarität festhalten und das andere loswerden. Polarität wird als Droge benutzt, um nicht zu fühlen, was innen ist. Die Tragödie ist, dass du damit die Glückseligkeit versäumst. Samadhi ist die Absorption im Innern, die endgültige Glückseligkeit. Die Fixierung sucht ständig nach der Glückseligkeit im Außen. Du musst herausfinden, was du wirklich willst. Aber zuerst musst du erkennen, dass es nicht all die äußeren Dinge sind, die Erfüllung geben. Denn wenn du glaubst, dass *Es* irgendwo draußen ist, dann verweilst du da. Du schlägst dein Lager dort auf. Und du errichtest einen Wall zur Verteidigung, um deine Entscheidung zu rechtfertigen. Jeder sehnt sich nach Hause. Aber die Menschen betäuben sich auf vielfältige Weise. Wenn du genug Reize hast, brauchst du die Sehnsucht nicht zu fühlen.

Wohin wendest du dich? Wenn du der Sehnsucht folgst, fällst du in die Sehnsucht und es gibt keine Frage mehr, was zu tun ist. Es ist so einfach. Du kreierst tatsächlich deine Realität. Nicht durch Visualisierung, nicht durch Mantras, sondern durch deine Blickrichtung. Wenn dein Blick auf *dich* und *deine* Geschichte gerichtet ist, entstehen Verwirrung und Leid. Wenn er auf die Wahrheit gerichtet ist, gibt es keine Frage mehr, was zu tun ist. Es gibt keine Wahl mehr.

Wahre Freiheit ist ohne Wahl. Die Verblendung der Ichbezogenheit ist voller Wahlmöglichkeiten und sie sind alle falsch.

❦

F: Ich habe begriffen, dass der Schmerz, den ich mein ganzes Leben lang fühlte, der Schmerz über den Verlust meines Seins war. Ich habe mich nie irgendwo richtig dazugehörig gefühlt.

E: Das ist spirituelle Reife. Du hast dein ganzes Leben lang gewusst, was du willst. Jetzt ist dein Wunsch erfüllt worden. Dein Gebet ist erhört worden. Jetzt kannst du dich vollkommen entspannen. Du kannst alle Urteile, alle Meinungen fallen lassen und noch tiefer in dir ruhen, tiefer im Sein. Ja, du bist zu Hause. Zu Hause in dir selbst. Und wenn du immer weiter in diese Richtung schaust, dann wirst du entdecken, dass es keinen Unterschied zwischen dem Zuhause und dem, der sich zu Hause fühlt, gibt. Dann erkennst du, wie groß dein Zuhause ist. Weit, weit jenseits dessen, was verstanden werden kann. Du siehst dein Selbst ganz. Du erkennst, du bist Leere jenseits von leer. Überall. Nirgends. Alles. Vor allem. Und du siehst, du bist vollkommen voll, du fließt über. In diesem Überfließen deines Selbst wird das Universum erschaffen. Du erschaffst dein Selbst in unzähligen Formen, die sich getrennt und einsam fühlen, um dann wieder zurückzukehren.

❦

F: Ich habe schon mal Zeiten des Friedens und der Ruhe erlebt, da gab es nichts hinzuzufügen Es gab nichts mehr zu tun für mich. Aber später fühlte ich dann den Frust, dass es wieder vorbei war.

E: Es ist nie vorbei. Die Erfahrung verändert sich. Du hattest durch Gnade eine Erfahrung von Wahrheit. Wenn diese Erfahrung vorbei ist, bleibst du dann dem, was erkannt wurde, treu oder gehst zurück zum Alten? Wenn du dich nicht bewegst, dann verbrennt das Alte. Ganze Leben voll von Verlangen und Wünschen tauchen auf und du fühlst ihre Suchtqualität. Wenn du dich nicht bewegst, verbrennen sie. Dann bist du frei von der Abhängigkeit. Du kennst dein Selbst und bist verwurzelt in deinem eigenen Sein. Die Tests werden wiederkommen, feiner, gerade wenn du sicher bist, dass es vorbei ist. Der Körper ist nur die Ansammlung deiner Wünsche aus der Vergangenheit, die sich manifestieren. Solange ein Körper existiert, kannst du immer tiefer in dein Selbst sinken. Dieses Vertiefen wird feiner und feiner. Die Fallen werden subtiler. Dort beginnt das wahre Leben. Alles bis dahin ist Vorgeschichte. Dann ist das Bewusstsein seiner selbst bewusst, sich selbst liebend, im Spiel mit sich selbst, sich selbst überall sehend.

F: So gibt es Hoffnung, dass das Auf und Ab irgendwann aufhört?

E: Es gibt Hoffnung, dass *du* aufhörst. Was für eine Erleichterung wäre das für alle! (Lachen). Tauche in die Tiefe deines eigenen Herzens ein. Du kannst das Auf und Ab *jetzt* beenden. Beenden bedeutet lediglich, die falsche Vorstellung davon aufzugeben, wer du glaubtest zu sein. Kehre dem Falschen den Rücken, um das Wahre zu finden. Viele von uns haben sehr viel in das Unwahre investiert, dadurch entsteht eine furchtbare Angst, es zu verlieren.

Aber was du verlierst, ist Leiden. Was du gewinnst, ist alles. Du verlierst die Selbstsucht und du findest die Liebe. Liebe ist genau wie das Wort Freiheit sehr oft missbraucht worden. In der Umgangssprache sagen wir für Geschlechtsverkehr auch »Liebe machen«. Als ob Liebe gemacht werden könnte. Wenn wahre Liebe entdeckt wird – und jeder hier im Raum hat das schon geschmeckt, diesen Moment, wenn kein Bedürfnis nach etwas mehr da ist, kein Gedanke an dich selbst, ein reiner Moment der Freude, ohne Bedeutung, ohne ein »weil ...« – dann kommt plötzlich diese unaussprechliche Freude in deinem Herzen auf, ohne einen Grund. Das ist das Hindurchscheinen der Wahrheit deines *Selbst*. Der Nebel hebt sich für einen Moment. Und dann entsteht der rasende Versuch, *Das* einzufangen, *Es* zu behalten, *Es* zu teilen, *Es* zu predigen.

All das ist der verzweifelte Versuch des Verstandes, das *Ich* zusammenzuhalten. Aber dieses *Ich* war im Moment der Erfahrung nicht da. Diese Vorstellung von *dir* kann niemals die Totalität erfassen. Wer du bist, kann nicht durch Worte erfasst werden. Es kann nicht gehalten werden. Das würde einer Teetasse gleichen, die versucht, den Ozean einzufangen. Du schöpfst eine Tasse voll Wasser und denkst: »Ah, jetzt habe ich den Ozean!«

In diesem Moment der Stille, wenn es für einen Moment keine Zukunft und keine Vergangenheit gibt, wenn es für einen Moment nicht deinen Körper gibt, wenn all deine Aufmerksamkeit in die Tiefe sinkt, um der Stille zu lauschen, bekommst du eine Ahnung von Frieden, einen Geschmack deiner Essenz. Wie viel Zeit am Tag gibst du diesem Frieden und wie viel Zeit gibst du allem möglichen anderen? Wenn du dich in das verliebst, was tiefer ist als alles, was du kennst, dann kannst du deine Aufmerksamkeit nicht mehr davon abwenden. *Es* wird zu deinem Geliebten, der deine vollkommene Aufmerksamkeit verlangt. Wenn du das gibst, gibst du alles. Und das, was zurückgegeben wird, ist jenseits allen Vergleichs. Dann wird dein Leben ein Beispiel für das Ende des Leidens. Dein Leben wird eine Quelle, von der die Menschen um dich herum trinken können.

Triff deinen Lehrer

F: Ist es notwendig, einen Lehrer zu haben?

E: Wenn du deinem Innersten treu bleibst, wird ein Lehrer erscheinen, wenn er nötig ist. Du weißt, dass ein Lehrer erschienen ist, wenn du die Verbindung spürst, wenn dein Verstand ruhiger wird und das Brennen im Innern vielleicht stärker. Es wird für alles gesorgt werden. Du wirst von deinem eigenen Selbst zu Hause willkommen geheißen. Es weiß viel besser, was notwendig ist, als du es wissen kannst. Du kannst also der Liebe vertrauen, die dich tiefer ruft. Du kannst diesem Feuer vertrauen, das alles verbrennt. Der Stimme in deinem Kopf kannst du nicht vertrauen. Die Stimme in deinem Kopf ist die Sucht. Sie ist deine Methode, unbewusst zu bleiben. Sie erzählt dir eine Geschichte, um dich von der Freiheit abzuhalten. »Oh, ich könnte verrückt werden …« Dein Herz bewegt dich still. Es führt dich. Es lässt dir keine Wahl. Die Stimme im Kopf ist nur deine Vergangenheit, die zu dir redet. Sie weiß nichts über die Zukunft. Sie stellt sich eine Zukunft vor, die auf deiner Vergangenheit basiert. Wenn du der Stille vertraust, dem Sog deines Herzens, wird für alles gesorgt, was notwendig ist.

☙

F: Wie erkenne ich meinen Lehrer?

E: Wenn du deinen wahren Lehrer triffst, ist er nichts als eine Reflexion deines eigenen wahren Selbst. Ein wahrer Lehrer ist leer. Also

kannst du dein Selbst sehen. Bleibe still in deinem Herzen und überlass deinem Herz die Führung. Du kannst es nicht mit deinem Kopf
entscheiden. Du kannst es weder erzwingen noch verhindern. Bleibe
deinem Herzen treu und dein Herz wird dich vollkommen leiten.
Mit Herz meine ich nicht deine Vorlieben und Abneigungen. Ich
meine etwas Tieferes, das dich führt und dir keine Wahl lässt. Als ich
nach Indien ging, hatte ich keine Wahl. Ich wollte nie nach Indien.
Ich war Buddhist, ich liebte Japan. Aber ich wurde gezogen wie ein
Eisenspan von einem Magneten. Da war kein »Sollte ich oder sollte
ich nicht?« Ich hatte keine Ahnung, wohin ich fuhr. Ich wusste nur,
ich musste meinen Lehrer finden. Ich musste einfach fahren. Jeder
hier in diesem Raum hat schon mal so eine Erfahrung in seinem
Leben gemacht. Es gab bestimmte Augenblicke in deinem Leben, wo
du wusstest, du musst einfach ehrlich bleiben. Und vielleicht hast
du dich dagegen gewehrt, hast es verleugnet oder versucht, es zu verdrängen. Aber wenn du Glück hattest, dann hat es dir keinen Frieden
gelassen. Letztendlich musstest du dem Impuls deines Herzens folgen. Du musstest deinem wahren Herzen folgen, nicht der emotionalen Verstrickung, sondern der Wahrheit, die tiefer liegt, die auch
in plötzlichen intuitiven Erkenntnissen zum Durchbruch kommt. In
Momenten der Klarheit und des Friedens, in der überwältigenden
Glückseligkeit der Liebe schimmert diese Wahrheit hindurch. Vertrau
ihr mehr als dem Selbstgespräch in deinem Kopf. Dann wirst du von
ihr geführt. Dann hast du keine Wahl.

Der Ruf nach dem letzten Lehrer ist so wichtig. Wenn du nach
dem endgültigen Lehrer rufst und etwas zeigt sich, dann fühlst du
die Energie und du weißt, er ist da. Durch die Gnade der Übertragung erhältst du eine direkte Erfahrung. Aber dann muss eine Antwort von deiner Seite erfolgen oder es wird ohne Wirkung bleiben.
Wenn du sagst: »Ich will wirklich Freiheit, alles andere ist passé«,
dann bist du bereit zu antworten. Antworten bedeutet, das zu lieben, was du liebst und dich dem vollkommen hinzugeben. So viele
Menschen haben die Übertragung von Ramana gespürt. Tausende
von Menschen haben ihn gesehen, aber nur eine Handvoll erwachte.
Das waren diejenigen, die antworteten. Sie fühlten nicht nur die
Gnade der Übertragung, die sie in Glückseligkeit versetzte, sondern
sie antworteten, indem sie ihr Herz gaben. Dann wird diese Antwort

getestet. Du wirst mit der Angst vor dem Tod konfrontiert. Auch sie ist ein Geschenk des Lehrers. Du stehst der furchtbaren Angst vor der Auslöschung von Angesicht zu Angesicht gegenüber. Das ist das Tor. Wenn du dieses Tor passierst, findest du das, was nicht stirbt. Dieses Leben wird dann dargebracht in Hingabe. Niemand von uns hat diese Gnade verdient. Deshalb ist es Gnade. Da sie nicht verdient werden kann, kannst du sie nicht erzwingen. Sie ist eindeutig außerhalb deiner Kontrolle. Gnade ist eine Erscheinungsweise der Liebe, ebenso wie Dankbarkeit. Wenn diese Gnade dich berührt, antworte ihr.

ॐ

F: Ich habe Schwierigkeiten. In unserer ganzen Kultur werden Lernen und Wissensaneignung groß geschrieben. Doch, was ich hier bekomme, hat mit Lernen nichts zu tun.

E: Ja. Es ist das Ende des Lernens.

F: Also bist du auch kein Lehrer.

E: Das ist richtig. Papaji sagte, es ist ein Spiel, in dem der Lehrer und die Schüler keine Köpfe haben. Die Schüler haben keine Köpfe und der Lehrer hat nichts zu lehren. Es ist ein geheimnisvoller Austausch des Herzens. Das ist etwas, was du nicht lernen kannst. Du kannst dich nicht selbst dazu bringen zu lieben. Du kannst dich nur der Liebe hingeben, die da ist. Wenn du dich der Liebe hingibst, dann siehst du alles mit neuen Augen. Jedes Arrangement ist nur ein Vorwand, damit wir zusammen sein können.

ॐ

F: Ich möchte dir danken. Das Geschenk, das mir hier gemacht wurde, kann ich noch nicht richtig fassen. Bitte nimm mich ganz.

E: Das ist so schön. Wenn du dieses Gesicht der Hingabe der ganzen Welt zeigst, wird dich jeder lieben. Deine Bereitschaft ist so schön. Durch deine sexuell geprägte Persönlichkeit hast du Macht und Charisma. Du kannst sexuell unwahrscheinlich attraktiv sein, du kannst Erfolg haben, du hast das alles gehabt. Es gibt viele Versuchungen. Die meisten sind nicht bereit, ihnen zu widerstehen. Dein Mut und deine Bereitschaft, dich so ungeschützt zu zeigen und auszuliefern, sind so schön.

F: Aber das mache nicht ich. Ich habe keine andere Wahl.

E: Ja, das ist es. In Wahrheit gibt es keine Wahl. Du bleibst der Wahrheit treu und dann gibt es keine Wahl. Du bist eine schöne Seele. Du kannst ein guter Lehrer sein. Alles, was du bis jetzt getan hast, egal wie erfolgreich es war, hat noch nicht deine wahre Lehre berührt, die noch kommen wird. Sie wird aus der Selbstopferung, die du zeigst, hervorgehen. Aus der Bereitschaft, die Position aufzugeben und Erniedrigung zu erfahren. Das alles bereitet dich auf eine sehr schöne Art vor.

∽

F: Heute Morgen war es, als weinte ein kleines Kind in mir, weil du wieder fortgehst.

E: Ich gehe nirgendwo hin. Schau in dein Herz. *Es* ist immer da. Das Spiel, das wir spielen, lässt es so aussehen, als wenn es da draußen einen Eli gibt. Doch, was du liebst, ist nicht die Form Eli. Du liebst dein eigenes Selbst. Du schaust in den Spiegel und du siehst dich selbst. Das ist der einzige Grund, warum dieser Eli in deinem Bewusstsein erschienen ist. Nur um zu sagen: »Ich bin *Du*. Ich lebe in deinem Herzen.« Du kannst es immer prüfen. In dem Moment, in dem du ruhig wirst und in dein Herz fällst, siehst du: Alles ist da.

∽

F: Ich liebe es, dich anzuschauen und meine Liebe in dir zu erkennen.

E: Du beginnst damit, das Außen zu lieben, doch dann musst du auch das Innen lieben und erkennen, dass es dasselbe ist. Du verliebst dich so in das Innere, dass du ganz tief nach innen gezogen wirst, dass sich das ganze Universum von außen nach innen wendet. Dann erkennst du: Kein Innen, kein Außen.

Wenn du keinen Nutzen aus einer guten Situation ziehst, wirst du zu Boden gedrückt, bis du eine schlechte Situation bekommst. Dann musst du damit umgehen. Was auch immer dich gerufen hat, es ist dein eigenes Herz. Es ruft dich nach Hause. Zuerst spricht es in Stille. Wenn du es nicht hörst, dann spricht es ein bisschen lauter. Wenn du es dann nicht hörst und ihm keine Aufmerksamkeit schenkst, schüttelt es dich, um deine Aufmerksamkeit zu bekommen. Also frage dich wirklich: »Was will ich?«

ॐ

F: Ich möchte nicht mehr weglaufen. Ich meine es jetzt ernst. Du bist mein letzter Lehrer.

E: Die Falle des Suchenden ist der Gedanke: »Wenn es hier zu unbequem wird, geh ich woanders hin.« Wer kann sagen, wo du hingehörst? Nur dein Herz kann es dir sagen. Selbst wenn es unbequem ist, wenn es sich nicht gut anfühlt, musst du deinem Herzen vertrauen. Irgendwann gibst du dann das Suchen auf, egal was dann passiert.

F: Ich will frei sein. Nicht im nächsten Satsang. Jetzt.

E: Deine Bereitschaft wird alles an die Oberfläche bringen. Das ist die Natur des Spiels. Genau wie Buddha, der schließlich sagte: »Ich bin bereit, unter dem Baum sitzen zu bleiben. Ich bleibe hier sitzen, bis ich es habe.« Auf dem Weg zu deinem Baum wird alles hochkommen, um dich abzuhalten: »Oh, ich will jetzt nicht sitzen. Ich habe einfach keine Hoffnung, dass ich es je schaffen werde. Ich bin so voller Hass, dass die Welt so ist, wie sie ist. Warum muss die Welt eine Hölle sein?« All das kommt hoch. Doch du gehst weiter, bis du unter dem Baum sitzt. Die ganze Verzweiflung, der Selbsthass, der Zorn sind dein Begräbnisfeuer. Dieser Zorn ist ein Feuer. Der Hass ist ein Feuer. Das alles wird sehr, sehr stark, während du bereit wirst zu sterben. Also kämpfe nicht mit dem Verstand. Begegne ihm sanft, mit Liebe.

F: Ich kann nicht mehr länger warten.

E: Es ist wie ein Gang auf Messers Schneide. Mein Lehrer hat es den Gang auf der Klinge eines Rasiermessers genannt. Wenn du auf der Schneide eines Rasiermessers gehst, trage besser kein Gewicht. Jeder Gedanke ist zu viel der Last. Also bleibe auf einer tieferen Ebene als deine Gedanken. Dann fühlst du all die Unannehmlichkeiten, die du vermieden hast. All das löst sich auf, wenn die Zeit da ist. Du bleibst einfach der Liebe treu.

∽

F: Vom ersten Moment, als ich dich sah, fühlte ich mich absolut nackt und durchsichtig. Es gab keinen Ort mehr, wo ich mich verstecken konnte. Ich danke dir so sehr.

E: Danke. Es ist deine eigene Bereitschaft, die Bereitschaft, hineingestoßen zu werden. Die Bereitschaft, nichts zu vermeiden. Dies ist der Anfang. Nichts wird mehr dasselbe sein. Und all dasselbe wird weiter erscheinen und es wird Prüfungen und Vertiefungen geben.

∽

F: Ich habe hier die Lehre und meinen Lehrer gefunden. Ich bin sehr dankbar dafür. Ich fühle mich wie ein Fisch, der an der Angel zappelt. Ich fühle Süße im Herzen. Dich als Lehrer zu haben, lockt alle Dämonen an die Oberfläche.

E: Die Menschen wollen oft, dass die Beziehung zum Lehrer so ist wie zur perfekten Mami. Das gibt es auch. Das ist ein süßer Teil der Beziehung. Aber es ruft auch all die Dämonen hervor und verschreckt dich. Also hast du die Brust der Mutter und das Feuer Gottes. Und durch Gnade ist der erste Schluck Milch frei. (Lacht).

F: Wenn ich bei dir bin, ist mein Bewusstsein sehr klar und scharf. Ich habe Angst, wenn ich wieder allein bin, in den Traum zurückzufallen.

E: Du stellst dir die Zukunft vor. Sich die Zukunft vorzustellen ist ein Traumzustand. Ja, am Anfang ist es leichter, wenn die Umgebung dich unterstützt. Das ist der Wert der Sangha, der Gemeinschaft von Menschen, die an derselben Sache interessiert sind. Deshalb versammeln sich die Menschen in aller Welt, um Satsang-Videos zu sehen. Die Schwingung dieser Atmosphäre stärkt und unterstützt dich. In einem bestimmten Stadium ist die Umgebung wichtig. Habe eine einfache, klare und reine Umgebung. Notwendig ist nichts von dem, aber alles kann eine Unterstützung sein. In Wirklichkeit brauchst du nichts. Du bist schon erfüllt. Du bist schon wach. Nichts ist nötig. Aber wie bei jeder Entziehungskur ist die Umgebung wichtig. Geh nirgendwohin. Was auch immer erscheint, du bist *hier*. Was auch immer verschwindet, du bist *hier*. Es sieht aus, als ob sich der Körper bewegt. Es scheint so, als ob verschiedene Umstände auftauchen. Du bist immer noch *hier*.

~

F: Heute Nacht habe ich Gott gebeten, mir die richtigen Worte zu geben, um dir von dem erzählen zu können, was mich bewegt. Ich komme immer wieder zu der Erkenntnis, dass es kein wirkliches Problem gibt.

E: Ja, kein Problem. Kein Gott, kein Du. Was dann? Wo ist die Trennung? Dann gibt es nur noch diese bewusste, frische Leere. Ein tieferes Unbekanntes. Nur *Das* existiert überall. Nenne es Gott, wenn du willst. *Das*, was kein Bild hat, keine Form, *Das* bist du. Dann erübrigt sich diese ganze Anstrengung. All die Gespräche haben ihren Sinn erfüllt. Dann ist es nicht mehr nötig, Gott um die Worte zu bitten. Denn wenn du aus dem Weg bist, dann spricht *Es* sehr schön, wie du es gerade tust. Was fühlst du jetzt?

F: Glück.

E: Ja, Glück ist eine Erscheinungsweise der Liebe. Ruhe immer tiefer und bleibe sehr wach. Wach bedeutet: Keine Bewegung, keine Anstrengung. Einfach bewusste Präsenz. Du gehst nirgendwohin. Du gibst deine Aufmerksamkeit etwas Wichtigerem. Dann passiert alles ganz natürlich. Geh aus dem Weg und lass Gott sprechen. Das ist der Anfang einer sich vertiefenden Liebesbeziehung. Ergib dich *Ihm*. Lenke dich nicht ab. Verrate dich selbst nicht wegen irgendwelchen Objekten, die eine Anziehung auf dich ausüben. Wenn du beginnst, allen möglichen Reizen nachzujagen, bewegst du dich davon weg. Je einfacher dein Leben ist, umso leichter ist es. Es gibt keine Notwendigkeit für Komplikationen.

൲

F: Wir sollten es zur Regel machen, dass die Leute alle pünktlich zum Satsang erscheinen.

E: Das wird auch nur eine weitere Regel. Wenn du der Regel folgst, heißt das dann, dass du gut bist. Oder du kannst dich gegen die Regel auflehnen. Aber es ist in beiden Fällen eine Beziehung zu der Regel. Wenn es keine Regeln gibt, dann schau, was sich zeigt. Schau, wo du hingezogen wirst. Schau, wo du sein musst. Regeln sind wie gute Manieren. Ich schätze gutes Benehmen. Es bedurfte jahrelangen Trainings durch meine Frau, aber irgendwann habe ich es verstanden. Als ich heranwuchs, war ich sehr stolz auf meine Rauheit. Ich war bereit, die Regeln zu verletzen, um die Wahrheit zu sagen. Und ich war tief verfangen in der Arroganz, die darin lag. Es ist jetzt schön für mich zu wissen, was gute Manieren sind. Als ich meinen Lehrer zum ersten Mal traf, konnte ich meinen Augen nicht trauen. Ich ging in sein Schlafzimmer und da saß ein 80-jähriger lebender Zen-Meister. Ein Sadguru. Mein eigenes Selbst. Mein Selbst saß einfach da und schaute mich liebevoll und aufmerksam an. Mich liebend, mich sehend. Wie hätte meine Reaktion anders sein können, als ihn nie wieder verlassen zu wollen? Wenn du *Das* findest, willst du es nicht mehr verlassen. Du findest es in deinem eigenen Herzen. Du wendest dich nicht davon ab. Dann erfährst du es innen und außen. Nachdem wir einige Tage lang zusammen waren, sagte er: »Weißt du, es werden Leute kommen.« Er saß jeden Tag in seinem Stuhl und las seine Post, während ich seine Füße hielt. Ich weinte und bat ihn, sie nicht kommen zu lassen. Und er sagte: »Beobachte mal, wie grob sie sind.« Ich beobachtete es und war schockiert. Die Menschen behandelten ihn, als wäre da nichts Besonderes. Er nahm uns mit zu Spaziergängen und die Leute gingen herum und schwatzten miteinander über alles Mögliche. Ich konnte nicht von seiner Seite weichen. Wenn jemand anders neben ihm ging, lief ich hinter ihm, um ihn sehen zu können. Das wünscht sich jeder, eine wirkliche Liebesbeziehung. Liebe, die die Liebe liebt. Ohne Erwartungen. Es geht nicht mehr darum: »Was springt für mich dabei heraus?«

∓

F: Ich weiß nicht, welchem Lehrer ich folgen soll.

E: Du musst deinem Herzen folgen. Du kannst deinem Herzen nur folgen, wenn du aus deinem Kopf herauskommst. Die Antwort findest du nicht, wenn du ständig überlegst: »Sollte ich? Sollte ich nicht?« Erinnere dich an Ramanas Liebeslied an den Berg Arunachala: »Du hast mich hierher gerufen, durch Dich ist mir alles andere unwichtig geworden, jetzt lass mich nicht so hier zurück.« Dieses Verlangen, vom Geliebten verzehrt zu werden, das ist es, was jeder will. Aber wenn es vom Ego vereinnahmt wird, dann ist es das Verlangen, *Es* für sich haben zu wollen, *Es* zu konsumieren, anstatt dich hinzugeben: »Wenn Du mich genug liebst und ich das tief genug in mich aufnehmen kann ...« Es ist genau umgekehrt. Wenn du genug liebst, dann verschwindest du.

∓

F: Ich fühle mich schuldig und zerrissen, weil ich nicht weiß, welchem Lehrer ich dienen soll.

E: Die Wahrheit ist im Innern. Was wäre, wenn dich in diesem Moment alles verlässt? Wenn all die Lehrer, denen du dich ergeben hast, dir den Rücken kehren? Alle kehren dir den Rücken und du bist vollkommen allein. Es ist möglich, tiefer zu gehen und herauszufinden, was die Wahrheit ist. Während du dich tiefer fallen lässt, kannst du dich fragen: »Wer bin ich?« Und wer auch immer diese Frage stellt, kann auf sich selber schauen. Und wen siehst du? Was ist da?

F: Da ist nichts.

E: Das ist die Wahrheit. Das ist, was du bist. Und jetzt finde heraus, wie tief das Nichts ist. Ist es leer oder voll?

F: Beides.

E: Das ist richtig. Das ist, was du bist. Leere und Fülle. Nichts. Jenseits von Worten. Jenseits des Verstandes. Jenseits von Trennung. Wie kannst du je getrennt werden? Wie kannst du je verlassen werden? Manchmal erfährst du dich als die Totalität der Leere. Das ist Weisheit. Manchmal erfährst du dich als die Totalität der Fülle. Das ist Liebe. Und du erkennst: Sie sind beide dasselbe. Das ist die Wahrheit. Ich bin vielen Lehrern auf meinem Weg begegnet. Ich bin jedem von ihnen dankbar. Als ich Swami Muktananda traf, erfuhr ich Shakti in einem bis dahin nie erfahrenen Maße. Ich wusste nicht, dass es überhaupt möglich war. Swami Muktananda sagte immer: »Verehre mich als die Gottheit in dir.« Das tat ich. Ich sang Lieder der Hingabe, ich küsste seine Füße, doch es war immer irgendwie vorsätzlich. Ich machte es, weil man es so erwartete.

Als ich meinen Lehrer traf, hatte ich keine Wahl. Niemand musste mir sagen: »Verehre ihn als die Gottheit in dir.« Ich konnte gar nicht anders. Also vertrau dir. Du wirst genau dahin geführt, wo du hingehen musst. Wenn die Entscheidungen vom Verstand getroffen werden, dann ist es das nicht. Und wenn der Verstand versucht, die Entscheidung zu kritisieren, ist es das auch nicht. Bleib dem Herzen treu. Tiefer als die Emotionen. Leere und Fülle. Leere-Fülle besitzt die Weisheit, um dich zu begleiten. Also schenkst du ihr dein ganzes Vertrauen. Das ist der wahre Lehrer. *Es* Leere-Fülle zu nennen, ist bereits eine Lüge. Es kann nicht fixiert werden. Es kann nicht benannt werden. Ihm einen Namen zu geben, heißt bereits, wir stecken es in eine Schachtel. Der Verstand will es zu einem weiteren Objekt machen: »Oh, ja. Leere-Fülle. Das kenne ich.«

Hingabe – das Geschenk der Gnade

F: Ich habe genug erlebt, ich will nur noch erwachen. Aber vielleicht bin ich noch nicht bereit genug.

E: Lass all den Schmerz von all den Generationen kommen. Der ganze Schmerz der Welt ist in deinem Herzen. Du kannst es alles fühlen. Deine Sehnsucht ist erfüllt worden. Das Sehnen dieses Lebens ist so stark gewesen und nun bist du nach Hause gekommen. Die Liebe hat alle Gesichter, alle Erfahrungen. Es ist nicht nötig, irgendetwas zu kontrollieren. Die Liebe hat die Kontrolle. Du kannst es nicht erzwingen. Wenn *du* es geschehen »machen« könntest, dann würdest *du* übrig bleiben und *du* wärest sehr stolz über das, was *du* erreicht hast. Alles, was du tun kannst, ist, dich hinzugeben. Du legst deinen Kopf auf das Schafott und hörst mit allem anderen auf. Du kannst nicht immer wieder schauen, wann es endlich passiert. Gib dich hin. Auf mysteriöse Weise kommt dann etwas von der anderen Seite. Du machst dich so liebenswert wie möglich für das, was du anziehen willst. So liebenswert, dass du die Liebe anziehst. Die Liebe liebt die Liebe. Dankbarkeit, Güte, Freude, Süße, Reinheit, das alles sind Qualitäten der Liebe.

Es geschieht genau zur richtigen Zeit. Wenn die Frucht reif ist, fällt sie. Wenn sie zu früh fällt, ist sie zu grün und hart und reift nie. Aber die Liebe ist ein perfekter Gärtner. Sehnsucht ist auch eine Qualität der Liebe, die Sehnsucht nach dem Geliebten. Wenn dieses Sehnen unerträglich wird, groß und schmerzvoll, dann wird es ein Feuer. Es ist wie ein Fieber, es verbrennt einfach alles. Wenn

du durch und durch geläutert bist, kommt die Liebe, um dich zu verzehren.

പ

F: Ist Bemühung ganz überflüssig?

E: Ja, Hingabe bedeutet Sich-Öffnen, Anstrengung bedeutet Sich-
Verschließen. Das Leben des Egos ist ein Leben der Anstrengung.
Jede Anstrengung geht in die falsche Richtung.

*F: Aber haben sich nicht alle großen Weltlehrer, wie z. B. Buddha, lange
Zeit sehr bemüht, bevor sie erwachten?*

E: Ja, doch in Buddhas Offenbarungen kannst du lesen: »All das war
ein Fehler.« Er stellte die vier edlen Wahrheiten auf und sagte: »Ver-
gesst all die verrückten Dinge, die ich getan habe.« Bemühungen sind
nur eine Ausrede, um *Es* zu verschieben. Wenn sie wirklich notwendig sind, werden sie stattfinden. Doch das ist nicht deine Angelegenheit. Was ist es, was du wirklich willst?

F: Die totale Hingabe.

E: Gut. Dann gibt es keine Notwendigkeit, harte Anstrengungen zu
verteidigen. Gib dich hin. Öffne die geballte Faust. Wenn du jetzt
gerade denkst: »Ja, aber …«, ist das bereits Anstrengung. Du bist in
einem richtigen Krampf vor lauter Anstrengung und dem Rechtfertigen dessen. Entspann dich. Du willst Hingabe und hast gleichzeitig
schreckliche Angst davor, dich zu öffnen. Indem du deine Anstrengungen rechtfertigst, brauchst du diese Angst nicht zu spüren. Entspanne deinen Widerstand. Lade die Angst ein. Entspanne dich.
Egal, was hier ist, bewege dich nicht weg. Du hast nichts zu verteidigen. Sage dir: »Ich habe keine Verteidigung, ich habe keine Waffen.« Nackt. Allein. Ruhig. Das ist Hingabe. Sie hält das Rad ein für
alle Male an und die Suche deines ganzen Lebens erfüllt sich. Das
Laufrad wird nur durch deine Anstrengung in Gang gehalten. Stille

ist das Ende der Anstrengung. Das Rad behält noch eine Weile seinen Schwung, aber dann verlangsamt er sich, weil du es nicht weiter antreibst.

Mein Lehrer hat einmal eine Geschichte erzählt: Jeden Tag kam ein Mann, um die Straße zur Freiheit zu überqueren. Aber er sah eine Schlange auf der Straße und bekam Angst, die Straße zu überqueren. Also kehrte er jeden Tag wieder um. Eines Tages, als er sich wieder näherte, kam jemand von der anderen Seite und sagte: »He, das ist gar keine Schlange, es ist nur ein Seil!« Es bedurfte dazu keiner Veränderung, keiner Übung. Du musstest nicht die Schlange in ein Seil verwandeln. Wenn du von einer guten Autorität hörst, dass es ein Seil ist, dann siehst du plötzlich auch, dass es immer schon ein Seil war. Oder du kannst es bezweifeln und dich wieder zurückziehen, in dem Glauben, dass es eine Schlange ist. Dann kannst du dir noch mehr Schutz gegen die Schlange holen, noch mehr Übungen machen, noch mehr spirituelle Kräfte ansammeln.

Was kann dich abhalten, die Wahrheit über dich zu kennen, wenn du bereits unsterbliches Bewusstsein bist? Es ist eine sehr einfache Sache. Was notwendig ist, ist dein Verlangen. Es ist so selten, dass ein Individuum der menschlichen Rasse diesen Wunsch in sich aufsteigen lässt: »Ich will frei sein.« Das Verlangen nach einem neuen Auto? Kein Problem. Der Wunsch nach einer besseren Beziehung? Kein Problem. Der Wunsch nach Bequemlichkeit? Kein Problem. Der Wunsch nach einem langen Leben? Kein Problem. Daran erkennst du, wozu du dich auf dem Weg überall herabgelassen hast. Hat es dir wirklich das gegeben, was du haben wolltest? Wenn ja, wunderbar! Wenn nicht, dann sei ehrlich mit dir selbst. Schau, wo du dich verkauft hast. Wo hast du dich verkauft, um Sicherheit zu bekommen? Wo hast du dich verkauft, um der Herde zu folgen? Wo hast du dich verkauft, um dein persönliches Vergnügen zu bekommen? Da wir auf einem Sklavenplaneten leben, neigt der Mensch dazu, sich zu verkaufen. Wir hatten nicht die Möglichkeit zu erkennen, dass Freiheit unser Geburtsrecht ist. Was von unseren Eltern weitergegeben wurde, waren Ängste und Hoffnungen. Der Glaube: »Wenn dieser Körper stirbt, dann stirbst du.« Also machst du das Beste aus deinem Leben. Maximale Bequemlichkeit, minimale Unbequemlichkeit. Und entsprechend sieht der Zustand der Welt aus. Es ist sehr einfach, die

Schuld den multinationalen Konzernen zu geben, den Amerikanern, den Umweltverschmutzern oder wem auch immer. Es basiert immer auf: »*Ich* möchte glücklich sein. *Ich* will *meines*.« Aber Glück wird nie in dieser Richtung gefunden. Wir alle haben das erfahren. Jeder hier weiß wirklich, mehr Geld wird dich nicht glücklich machen. Wenn du die wohlhabendsten Menschen der Welt anschaust, dann kannst du sehen, dass sie überhaupt nicht glücklicher sind als du. Gewöhnlich sind sie neurotischer. Du weißt das schon. Und dennoch bist du aus Gewohnheit besorgt um deine Sicherheit und jagst ihr immer weiter hinterher.

Wir sind einige der wenigen Privilegierten dieser Welt, die die Zeit haben, hier zu sitzen. Es fallen keine Bomben auf uns. Du brauchst dir keine Sorgen um die nächste Mahlzeit zu machen. Das ist ein Geschenk von Mutter Erde. Deine Chance besteht darin, es wirklich gut zu nutzen, diese Gelegenheit zu nutzen, um die Wahrheit zu finden. Wenn du die Wahrheit findest, fällst du in dein Herz und übergibst dich der Liebe. Dann hat es sich gelohnt. Dann wurde das Geschenk, das Mutter Erde dir gegeben hat, gut genutzt.

Es ist wirklich so einfach. Keine Übung ist nötig. Kein Aufschub ist nötig. Die Glückseligkeit der Wahrheit deiner eigenen Existenz wartet auf dich. Unsterbliche Liebe wartet. Sie wartet darauf, dass du deiner trivialen Beschäftigungen müde wirst, dass du dein Spielzeug fallen lässt und dich von der Welt abwendest, zurück in dein Herz. Das ist die Möglichkeit einer Welt der Liebe. Wahrer Liebe, nicht gewöhnlicher Liebe. Was gewöhnlich Liebe genannt wird, ist: »Ich liebe das Gefühl, das ich durch dich bekomme. Ich liebe das Gefühl der Sicherheit, das ich durch dich bekomme.« Es dreht sich alles um *mich*. Wahre Liebe dreht sich nicht um *mich*. Wahre Liebe ist einfach die Abwesenheit des *Ich*. Wenn es kein *Ich* gibt, dann gibt es kein Problem. Dann liebt die Liebe sich selbst.

Ich bin nur hier, um dir die gute Nachricht zu überbringen, dass du die Wahrheit direkt erfahren kannst. Nicht durch Lesen oder Hören, sondern durch deine eigene direkte Erfahrung. Ohne jeden Zweifel, ohne dass Vertrauen nötig wäre. Du kannst durch direkte Erfahrung herausfinden, wer du bist. Wenn du weißt, wer du bist, dann weißt du alles. Wenn du nicht weißt, wer du bist, dann suchst du im Dunkeln, um herauszufinden, was das ist. Jeder fragt: »Wer bist du?« Niemand fragt: »Wer bin ich?« Du nimmst an, du wüsstest, wer du bist. Das ist das Einzige, was dich davon abhält zu entdecken, wer du bist.

F: Ich möchte gern meine Hassgefühle ins Feuer werfen.

E: Wirf alles ins Feuer, auch das Schöne. Dann wirst du erkennen, was nicht verbrennt. Was so rein und leuchtend ist, dass es nicht zerstört werden kann.

❧

F: Wie kann ich die Bereitschaft intensivieren?

E: Sehr gut. Das ist eine sehr entscheidende Frage. Sei rücksichtslos ehrlich mit dir selbst. Vielleicht hast du eine großartige Geschichte: »Hey, mir geht es ja so gut! Ich liebe meine Vergnügungen.« Doch wenn du ganz allein bist, dann schau in den Spiegel, schau in dein Herz, und sieh das Leiden, das verleugnet wurde.

F: Wie finde ich mein inneres Feuer?

E: Das Feuer ist schon da und brennt. Du brauchst dich nur hineinzuwerfen. Das bedeutet, sei bereit, alles zu erfahren, was du vermieden hast. Wenn du bereit bist, alles zu erfahren und dich nicht zu bewegen, dann verbrennt es. Wenn du diese Bereitschaft zeigst, dann werden Umstände auftauchen, um genau das auszulösen, was du nicht fühlen willst. Heiße sie willkommen. Wehre sie nicht ab, gehe nicht zurück in deinen Kopf, um sie zu vermeiden, bleibe präsent. Diese Präsenz selbst ist das Brennen.

F: Was meinst du mit dem Ertragen des Unerträglichen?

E: Die Frage ist: Willst du immer weiter leiden oder das ganze Leid einladen und jetzt alles auf einmal fühlen? Das ist das Ertragen des Unerträglichen. So verliert das Leiden seine Kraft. Wenn du es vermeidest oder dagegen ankämpfst, zieht es sich über Leben hin.

F: Je mehr ich mich der Liebe hingebe, umso besser klärt sich auch alles in meiner Umgebung.

E: Ja, das ist wahr. Plötzlich wird alles um dich herum besser. Die Versuchung besteht darin, das festzuhalten. Wenn du das versuchst, verlierst du es wieder. Lass es los und sinke noch tiefer. Je tiefer du gehst, umso mehr Versuchungen tauchen auf. Die Versuchungen sind unterschiedlich, je nach deiner Fixierung. Nimm es wahr und lass los.

F: Ich kann mich gut um andere Menschen kümmern, nur mir selbst kann ich keine Liebe geben.

E: Liebe ist deine Natur. Gib dich selbst immer tiefer deiner Natur hin, indem du still wirst. Dann kümmert sich die Liebe um alles. Wenn du sagst, du kannst dir selbst keine Liebe geben, ist das Unsinn. Die Liebe gibt der Liebe Liebe. Das Ich, das nicht lieben kann, muss sich tiefer hingeben, bis du siehst, dass dieses Ich Liebe ist. Dann ist es nicht mehr nötig, Liebe zu geben oder zu bekommen. Dann erkennst du: Ich *bin* Liebe. Diese Erkenntnis geht so tief, dass du Liebe überall siehst. Du erkennst dein Selbst überall. Du liebst dich selbst, du dienst dir selbst. Ganz ohne Anstrengung, ohne Wahl.

༃

F: Wie kann ich die Liebe finden?

E: Sei bereit, deine Geschichte zu beenden. Dann gibst du dich der Stille hin. Du gibst die Geschichte von *mir* etwas Größerem hin. Alles, was du tun kannst, ist, bereit zu sein. Du kannst es nicht erzwingen. Denn wenn du es »machen« könntest, dann wärest du enorm stolz darauf und wieder zurück im *Ich*. Du musst dich dem Unbekannten hingeben. Durch Gnade kommt *Es* und erfasst dich. Der Grund für diese Gnade liegt nicht bei dir und so kann es keinen Stolz darüber geben. Das *Ich* wird verzehrt von deinem Selbst. Alle Erfahrungen des Seins erscheinen und verschwinden in diesem Selbst. Spirituelle Erfahrungen erscheinen und verschwinden. Das *Ich* erscheint und verschwindet.

F: Also können wir nur offen und bereit sein?

E: Gib dich hin und sei still. Wenn du einmal dieses Angebot gemacht hast, besteht jedoch die Tendenz zu sagen: »Okay, das war's.
Was gibt's zum Mittag?« Wenn du nicht davon abweichst, dann ruht
dein Kopf weiterhin auf dem Schafott, auch wenn die Aktivitäten
deines Lebens weitergehen. Und dann erfasst die Gnade dich auf eine
mysteriöse Art. Wenn das passiert, erfährst du vielleicht enorme
Glückseligkeit und enorme Angst und hast das Gefühl: »Das ist zu
viel, ich muss zurückkommen.« Wenn du das fühlst und dich nicht
bewegst, dann öffnet sich etwas Tieferes.

F: Kann ich etwas tun, um die Gnade zu mir zu bringen?

E: Sei liebenswert für die Gnade. Sei so attraktiv für die Gnade, dass
sie dich nicht auslassen kann. Wenn du weißt, dass alles durch Gnade
geschieht, wie könntest du der Gnade nicht dankbar sein? So dankbar,
dass du bereit bist, der Gnade mit deinem Leben zu dienen. Werde
eine Dienerin der Gnade. Dann kann die Gnade nicht ablehnen. Du
dienst immer. Entweder du dienst deinen eigenen selbstsüchtigen
Interessen oder du dienst etwas, was das übersteigt. Wenn du dich an
etwas gibst, das größer ist als deine Selbstbezogenheit, dann wirst du
eine Dienerin der Gnade. Dann zählt dein persönlicher Plan nicht
mehr. Das ist das Opfer. Du gibst ihn auf, um der Gnade zu dienen.
Das ist nicht immer bequem. Du denkst vielleicht: »Was ist mit mir?«
An dem Punkt kehrst du der Gnade den Rücken. Je mehr du dich hingibst, umso leichter ist es. Je mehr du darüber nachdenkst, es irgendwann in Zukunft zu tun, umso schwerer wird es.

∾

*F: Ist es nicht eine Gefahr, die Gnade zu sehr von außen zu erwarten
und Hilfe von außen zu erhoffen?*

E: Es geht nicht um Hoffnung. Zuerst musst du von der Gnade
berührt werden. Solange du nicht von der Gnade berührt wirst, ist
nichts möglich. Wenn du von ihr berührt worden bist, weißt du, dass

dies nicht durch dein Tun bewirkt wurde. Du kannst es dir nicht verdienen. Deshalb ist es Gnade. Sich in sie zu verlieben, ist besser, als in all das andere, dem du sonst hinterherläufst.

☙

F: Gestern Nacht war ich so verzweifelt. Und ich betete um Klarheit. Seit heute Morgen weiß ich, was ich will. Ich will Wahrheit. Ich will wissen, wer ich bin.

E: Ja, das ist die Frucht eines wahren Gebetes. Das Gebet selbst ist die Liebe, die dich nach Hause ruft, in der Hingabe des Verstandes. Und unmittelbar bekommst du eine Antwort. Das ist so schön. Jetzt sei ein Krieger. *Ein Krieger zu sein bedeutet, das Unerträgliche zu ertragen, weil die Wahrheit wichtiger ist.* Selbst wenn es bedeutet, dass du bloßgestellt wirst.

☙

F: Ich möchte dir danken. Ich hatte einen Traum. Du führtest mich an der Hand zu einem goldenen Tor, das ich aus meinen Träumen kenne, aber durch das ich nie hindurchgehen konnte. Diesmal öffnete sich das Tor, ich schaute kurz hinein, dann ging das Tor wieder zu und mein Kopf wurde abgeschlagen.

E: Ja, Köpfe haben keinen Zutritt. Die Köpfe versuchen immer wieder, sich hineinzuschleichen: »Es ist niemand hier! Es ist niemand hier!« (Lacht). Es macht nichts, wenn der Kopf später vielleicht zurückkommt. Wenn er anscheinend zurückkommt, ist das eine gute Gelegenheit, ihn wieder abgeschlagen zu bekommen. Du siehst den Vorteil, ohne Kopf zu sein. Dein ganzes Leben wird dann ein Akt der Hingabe und der Dankbarkeit an *Das.* Das heißt, dein Kopf bleibt für immer auf dem Schafott liegen. Das ist sehr schön.

F: Als ich dich das erste Mal traf, bekam ich zum ersten Mal eine Ahnung davon, was Gnade ist. Wie kann ich dieses Geschenk tiefer nutzen?

E: Wenn du dieses Geschenk mehr nutzen willst, dann musst du bereit sein, alle Nutzrechte an *Es* abzutreten. Derjenige, der *Es* benutzen will, muss sich hingeben. Das ist die Antwort auf die Gnade. »Ich gebe mein Benutzen auf. Ich gebe meinen persönlichen Plan auf. Ich gebe meine persönlichen Wünsche auf.« Das ist die Antwort auf die Gnade. Dann absorbiert die Gnade diese Antwort. Auf diese Art nimmt die Gnade dich, weil *du* aufgehört hast, zu nehmen. Wenn *du* wieder anfängst zu nehmen, verlässt die Gnade dich. Du weißt genau, was ich meine.

☙

F: Ich stecke sehr viel Energie in Beruf, Beziehungen und Geld. Es hat etwas mit dem Ego zu tun, mit dem Gedanken: »Ich will etwas erreichen.« Wie kann ich das Vertrauen entwickeln, mich der Liebe hinzugeben? Ich habe große Angst, unterzugehen.

E: Das ist die Angst vor dem Licht. Wie stark sehnst du dich nach Hingabe? Wenn du wirklich intensiv nach ihr verlangst, dann hast du vielleicht Angst, aber das hindert dich nicht. Alles, was du loslässt, ist Leiden. Du findest das Ende des Leidens.

☙

F: Ich beobachte mein Leben und das Leben meiner Mitmenschen schon sehr lange und ich suche darin vergeblich nach Liebe. Ich habe mit dem Verstand gesucht. Gibt es eine Möglichkeit, mit dem Herzen zu suchen?

E: Das Herz ist schon gefunden. Wenn du dich als ein Verstand dem Herzen hingibst, weil du so krank von all dem Suchen bist, dann gibst du dich der Liebe hin. Liebe ist schon gefunden. Sie wartet nur auf dich. Sie ist da, wenn du bereit bist. Die Wahrheit ist, sie ist jetzt schon hier, in jedem Moment. Gib dich dem hin, was schon immer hier ist. Liebe kommt und geht nicht. Hör auf, dich zu bewegen, hör auf zu rennen.

F: Ich brauche nur zuzugreifen?

E: Du kannst es nicht greifen. Das wäre so, als wenn eine Teetasse versucht, den Ozean zu schöpfen. Aber du kannst die Teetasse in den Ozean werfen.

F: Ist die Sehnsucht nach Liebe nicht auch eine Sucht?

E: Ja, das ist eine gesunde Sucht. Süchtig nach Liebe zu sein heißt, süchtig zu sein nach deinem eigenen Selbst. Es ist eine Liebesbeziehung wie zwischen den zwei stärksten Magneten der Welt.

F: Ich bin meiner Gedanken und Bilder so müde. Sie verblassen langsam, und das ist sehr schön für mich.

E: Ja. Du wirst müde von immer demselben alten Zeug. Ruhe. Entspann dich. Bilder, so schön sie auch sein mögen, sind nur Bilder. Viel, viel schöner ist *Das*, was nicht gesehen werden kann, was nicht ausgesprochen, aber direkt erfahren werden kann. Jetzt bist du bereit für das endgültige Opfer. Das endgültige Opfer ist, deine Last abzulegen. Du legst deine Last ab und ruhst. Du schläfst deshalb nicht ein. Du wachst auf und gehst nicht wieder schlafen. Dann bist du im Dienst. Und je mehr du dieser Stille dienst, indem du dich immer mehr entspannst, umso wirksamer wird dein Leben benutzt. Denn du hast jetzt Mitgefühl, du kennst diese Last. Du siehst sie an anderen und sie werden die Möglichkeit in dir sehen. Du kannst eine Station werden, zu der die Menschen kommen können, um ihre Last abzulegen. Dann hat dein Leben Bedeutung. Wenn sich das Leben nur um mich und meine Last dreht, ist das Leben bedeutungslos. Wenn es nur um mich und meine Geschichte geht, dann ist es bedeutungslos. Dann ist es eine Geschichte, die im Tod endet. Aber wenn es ein Leben ist, das im Leben endet, dann ist es sehr nützlich.

∽

F: Nach unserem letzten Treffen habe ich eine tiefe Sehnsucht gespürt. Diese Sehnsucht hat wehgetan, sie war nicht angenehm.

E: Die Sehnsucht ist nicht angenehm, aber sie bereitet den Weg nach

Hause vor. Es ist die magnetische Anziehung nach Hause. Diese Sehnsucht ist wunderschön. Ramana schrieb ein herrliches Gedicht über seine Sehnsucht an seinen geliebten Berg Arunachala:

Arunachala, wie kannst Du mich so hier zurücklassen?
Durch Dich ist mir alles andere unwichtig geworden.
Du hast mich hierher gerufen, um mich zu töten.
Doch warum hast Du Dein Werk nur halb getan?
Ich habe meinen Geschmack an allem außer Dir verloren,
ich bin hoffnungslos, zu nichts mehr nütze.
Wie kannst Du mich so hier zurücklassen?
Du musst kommen und mich verzehren.

Das ist ein Lied der Sehnsucht. Nach diesem initiierenden Schnitt, diesem essentiellen Erwachen, entsteht die Sehnsucht nach noch tieferer Vereinigung. Sie ruft nach dem Geliebten, um endgültig verzehrt zu werden. Diese Sehnsucht ist ein reinigendes Feuer. Es ist der Magnetismus, der die Liebe zur Liebe ruft. Ramana hat nicht zu dem Berg wie zu einem Berg gesprochen. Genauso wie du nicht zu diesem Körper als Eli sprichst, sondern zu einem Mysterium, das in einer Form erscheint. Das ist die wahre Beziehung zum Lehrer. Sie verzehrt alles, sie verlangt alles. Die meisten Menschen sind nicht bereit dazu. Sie kommen, gucken es sich an und gehen zur nächsten Show. Aber im Laufe der Zeit geschieht auf mysteriöse Weise eine Vertiefung. Der Kontakt schmilzt die Grenzen. Zuerst geschieht die Übertragung und dann eine Antwort auf die Übertragung. Die natürliche Antwort auf diese Übertragung ist Dankbarkeit. Dankbarkeit für die Gnade, die dich berührt hat. Dann entsteht die Sehnsucht nach noch mehr. Wenn du dich ihr hingibst, führt sie dich noch tiefer. Doch wenn du deines Weges gehst und ein weiteres schönes, begehrenswertes Objekt siehst, dann greifst du danach und kehrst dem, was du willst, den Rücken.

∽

F: Seitdem ich hier bin, falle ich immer tiefer in die Liebe. Heute habe ich in der Meditation darum gebeten, dass sie mich ganz nimmt.

E: Jetzt hast du darum gebeten und du bleibst mit dem Kopf auf dem Schafott liegen. Und wenn du es am wenigsten erwartest, kommt es von der anderen Seite. Alles, was du tun kannst, ist, dich hingeben. Du kannst es nicht erzwingen. Aber die Hingabe macht dich so liebenswert, sie zieht die Liebe an. Sie kann dir nicht widerstehen. Sie muss kommen, um dich zu prüfen und zu kosten.

F: *Ich warte auf den Henker. Es ist so schwer, auf das Abhacken des Kopfes zu warten.*

E: Gut. Er kommt, wann er kommt. Das ist nicht deine Angelegenheit. Aber in der Bereitschaft kann sich alles entspannen. Du hast deine Aufgabe erfüllt. Es gibt nichts weiter zu tun, nirgendwohin zu gehen, nichts, worum du dir Sorgen machen müsstest. Einfach friedvolle Hingabe an dein eigenes Herz. Wann immer es so weit ist, kommt die Gnade. Du ziehst sie an, indem du liebenswert bist. Liebenswert bedeutet: einfach, ruhig, rein, still. Wenn du wartest, wirst du ungeduldig. Also bleibe in Dankbarkeit, in Liebe. Der Erwartung fehlt die Dankbarkeit und du wirst ungeduldig. Dann bist du wieder vom Schafott herunter. Du kannst nicht sagen: »Okay, ich habe meinen Kopf auf dem Schafott; jetzt komm aber auch, ich warte!« Der Kopf auf dem Schafott bedeutet: »Er gehört nicht mehr mir, tue damit, was du willst.« Wenn er nicht mehr dir gehört, dann entdeckst du, dass da nie ein Kopf war. Es war nur eine Last, die du mit dir herumtrugst und die du »Kopf« nanntest. Gib deinen Kopf der Liebe, sie kann ihn gut benutzen. Dann benutzt die Liebe diesen gut trainierten Verstand, sodass die Liebe sich in Deutsch ausdrücken kann. Das ist sehr schön. Das ist das Geheimnis der Liebe. Selbst deine kühnsten Vorstellungen können sich nicht ausmalen, wohin die Liebe dich führen wird. Wirklich. Es ist ein Zeichen deiner eigenen Reife und Reinheit, dass du von der Liebe akzeptiert wurdest. Jetzt gibst du dich selbst. Es ist nichts weiter zu tun, als dich hinzugeben. Einfach öffnen, öffnen, öffnen.

F: *Manchmal habe ich diese Momente in meinem Leben, in denen die Welt stehen zu bleiben scheint, z. B. bei einem wunderbaren Konzert. Es sind Augenblicke voller Liebe und Leichtigkeit. Ich würde diese Augenblicke in meinem Leben gern festhalten, sie sind so flüchtig.*

E: Dein Leben lang hast du versucht, *Es* mit deinem Willen zu ergreifen. Doch genau so verhinderst du diese Momente. Wenn du bereit bist, deinen Willen und das Habenwollen aufzugeben, dann entsteht Offenheit. Sonst gibt es immer noch den starken Glauben, es existiere ein *Ich*, das etwas festhalten könne. Das ist wie ein Floh, der versucht, die Welt einzufangen. Die Welt ist zu groß. Etwas zu bekommen, ohne etwas dafür zu tun, übersteigt die Vorstellungskraft des Verstands. Diese Momente sind Gnade. Du hast nichts getan, du hast es nicht verdient, das ist Gnade. Wenn du dich verliebst in die Gnade, die dir diese Momente schenkt, dann wirst du eine Dienerin der Gnade. Du hörst auf, *deinen* Willen auszuüben. Du wirst hilflos, inkompetent. Wenn du hilflos und inkompetent geworden bist, weil du *deinen* Willen aufgegeben hast, dein Festhalten, dann bist du so liebenswert, dass die Gnade von der anderen Seite kommt und dich nimmt. Was übrig bleibt, ist frische Unschuld. Die Gnade zeigt dir, dass es etwas Größeres als dich gibt. Es ist nicht nur größer, sondern auch besser, etwas außerhalb deiner Kontrolle.

&

F: Heute Morgen schaute ich auf die Berge und plötzlich verschwanden alle Konturen und ich war eins. Ich fühlte eine große Leichtigkeit, weil ich spürte, ich muss nichts tun. Ich muss es nur geschehen lassen. Dann schaltete sich der Verstand ein und sagte: Du bist verrückt.

E: Du musst nur beenden, was du schon hast geschehen lassen. Das Tun war dein Gedanke: »Du bist verrückt.« Dieser Gedanke muss aufhören. Das ist deine Aufgabe. Du kannst es nicht geschehen machen, du kannst es nicht tun, aber du musst mit dem aufhören, was du schon tust.

F: Ich habe erkannt, dass ich selbst den Wunsch nach Erleuchtung aufgeben muss.

E: Das Verlangen nach Erleuchtung ist der letzte Wunsch. Gib all deine Wünsche für diesen einen. Wenn du keinen anderen Wunsch hast, nur noch den einen, dann ist es kein Problem. Beende die Gier.

Dann lass deine Aktivitäten dem Leben dienen. Verschwende es nicht. Gib die Gier im Innern auf und gib dich der Liebe hin.

ᐧᐧ

F: Ich habe Angst, dass die Liebe wieder verloren geht, wenn die Zeit hier zu Ende ist.

E: Was ist es, das verloren gehen kann? Wirklich, was kann verloren werden? Wenn du abgelenkt wirst und irgendwo anders hingehst, wenn du der Liebe den Rücken kehrst, dann sagst du vielleicht: »Oh, die Liebe ist verloren gegangen.« Die Liebe ist nicht verloren gegangen. Sie ist immer noch hier. Diese mysteriöse Kraft, die dich tiefer ruft, geht nicht verloren. Sie ist dein eigenes Herz. Das Einzige, was verloren gehen kann, bist du, wenn du dich abwendest, um etwas anderes zu finden. Wenn du dich verloren fühlst, dann weißt du einfach, du bist in die falsche Richtung gegangen. Also komm zurück.

ᐧᐧ

F: Als ich dich traf, hatte ich das Gefühl, als ob mich ein Blitz getroffen hätte. Seitdem ist oft eine tiefe Sehnsucht und Traurigkeit da. Wie kann ich damit umgehen?

E: Bleibe in der Sehnsucht. Die Sehnsucht wird dich tiefer führen. Es ist die Sehnsucht nach Stille. Diese Stille hat so eine feine, süße, reine Qualität, dass Weinen dagegen richtig grob erscheint. Die Liebe ist dein Lehrer. Übergib alle Vorstellungen, alles Wissen dem Unbekannten, lass alles von der Liebe verzehrt werden. Dann siehst du, dass du bist, was du schon immer warst. Wenn du die Quelle findest, ruhst du und alles ist erfüllt. Wenn du erfüllt bist, fließt die Quelle über und stillt den Durst aller um dich herum. Wenn du versuchst, dieses Fließen zu dirigieren, landest du wieder im alten Dilemma.

F: Liebesbeziehungen sind immer mit so viel Schmerz für mich verbunden.

E: Das sind keine Liebesbeziehungen, das sind Fleischpartys. Wenn die Liebe die Liebe liebt, dann ist das still, so glückselig, so rein, so erfüllt. Das erfordert den zartesten Ausdruck. Selbst die Stimme ist so grob dagegen. Und diese Liebe liebt die Liebe, nicht irgendein Ding, nicht jemanden, nicht einen Körper, das sind nur Schleier. Was bedeutet das Wort »Beziehung«? Beziehung bedeutet, du verbringst eine bestimmte Zeit mit einer Beziehung zu etwas. Du kannst Geschäftsbeziehungen haben. Du kannst Fleischbeziehungen haben. Und du kannst eine Liebesbeziehung haben, indem du Zeit mit der Liebe verbringst. Ein guter Geschäftsmann denkt an nichts anderes als an das Geschäft. Keine Familie, keine Frau während des Geschäfts. Das ist ein sehr intensiver Moment. Wenn du dich der Liebe hingibst, als Liebe, die die Liebe liebt, dann ist das noch intensiver und feiner.

∾

F: Ich bin dankbar, dass hier so viel über Liebe gesprochen wird. Ich habe Angst davor. Deshalb habe ich immer dafür gesorgt, dass Liebe eine Ausnahmeerscheinung in meinem Leben bleibt. Da war immer ein innerliches »Nein«. Hier kann ich sie nicht mehr abblocken. Es gibt kein »Nein« mehr.

E: Das ist wunderschön. Selbst das »Nein« stand im Dienst der Liebe. Jetzt hat es seine Aufgabe erfüllt. Dies ist der Anfang. An diesem Anfang fühlst du die enorme Energie der Liebe. Es kann sich manchmal anfühlen, als wenn es zu viel wäre. Wenn diese überwältigende Liebe so mächtig wird, versucht man meistens entweder sie abzuwehren oder man denkt: »Oh, ich muß sie mit dir teilen. Das ist der Moment, auf den wir beide gewartet haben.« (Lacht). All dies passiert nur, weil es scheinbar unerträglich ist, in ihr zu bleiben. Ertrage die Unerträglichkeit der Liebe. Sie bricht herein und fegt alle Auswüchse des »Neins« weg. Durch dein Karma kommt das »Nein« auf verschiedene Weisen zurück. Und auch Wellen der Liebe werden kommen. Wenn du der Liebe treu bleibst, wird das »Nein« weggewaschen. Und dann zeigt sich eine noch tiefere Ebene. Mehr Glückseligkeit, als du dir vorstellen kannst und dann wieder eine noch tiefer gehende Prüfung. Die Liebe ist verlässlich. Da sie dich besser kennt als jeder andere, schenkt sie dir immer eine Prüfung, die etwas fordernder ist als das, was du glaubst, aushalten zu können.

&

F: In deiner Gegenwart zerschmilzt mein Ego wie Eis in der Sonne. Kaum bin ich allein, meldet es sich wieder und ich laufe in seine Fallen der Rechthaberei. Dadurch kommt überhaupt kein richtiger Kontakt zustande. Ich will da raus.

E: Jetzt hast du die klare Wahl. Du siehst dein altes Leben und du siehst die neue Möglichkeit. *Du* musst diese Wahl treffen. Durch die Gnade unseres Zusammenseins verschwindet das Ego und dann taucht es wieder auf. Erkenne, was du wirklich willst. Sieh die Konsequenzen beider Möglichkeiten. Dann richte dein Leben nach einer von beiden aus. Gnade ist eine Erscheinungsweise der Liebe. Durch eine Gnade, die nicht in deiner Hand liegt, hat die Liebe dich gefunden. Jetzt wird dir die Wahl gegeben. Vielleicht hattest du diese Wahl bis heute noch nie. Ab jetzt gibt es eine klare Unterscheidung. Es geht um die Qualität deiner Herzensverpflichtung. Werde zu einem wahren Liebenden. Bleibe treu. Werde ein Krieger. Das ist die Antwort. Dein Herz, das deinem Herzen antwortet.

&

F: Ich habe auf einem Video gesehen, wie Gangaji vor Papaji auf die Knie gefallen ist. Das hat mich tief berührt. Aber etwas hält mich davon ab, es genauso zu tun. Alte Erfahrungen mit Religion belasten mich.

E: Das ist jetzt vorbei. Vertraue deinem Herzen. Weißt du, es gab nichts Süßeres für mich, als die Füße meines Meisters zu küssen. Süß. Es war genau das, was ich wollte und nicht, was ich tun sollte oder was er wollte. Aber ich konnte dem nicht widerstehen. Gib alle Arroganz auf. Die Arroganz des Widerstandes. Die Arroganz, Recht zu haben. Lass dein Herz sprechen. Ja, alles kann in eine Religion verwandelt werden. Bald wurde das Küssen von Papajis Füßen zur

Religion. Es wurde etwas Festgeschriebenes. Dann konnte ich es nicht mehr tun. Es war vorbei. Gib deine Ängste auf, deine Vorstellungen, und vertraue deinem Herzen. Ich konnte einfach nicht anders, als ich es tat. Und ich konnte mich nicht dazu zwingen, als ich es nicht tat.

❧

F: Ich habe hier so viel Hingabe gespürt. Morgen muss ich abfahren. Ich habe Angst, von hier wegzugehen.

E: Gehe nie weg. Wo auch immer dein Körper hingeht, *Du* bleibst. Gib dich nie einer Person hin, sondern nur deinem Herzen. Du hast dein Leben damit verbracht, dich Menschen hinzugeben und mit deinem Herzen zu kämpfen. Gib dich niemandem hin. Gib dich vollständig deinem Herzen hin. Dein Herz ist immer *hier*. *Hier* findet unser Kontakt statt. *Hier* ist die Quelle aller Wunder.

F: Warum brauchen wir dann Lehrer, wenn alles hier ist?

E: Weil du *Dem* keine Aufmerksamkeit gegeben hast. Ein Lehrer ist *Das*, was innen ist und es dir von außen zeigt. Das Innen zieht dich und das Außen schubst dich in dein Herz.

❧

F: Ich befinde mich wie in einer dunklen Höhle. Ich weiß, das Licht ist unmittelbar hinter mir und ich bräuchte mich ihm nur zuzuwenden. Aber irgendetwas hält mich fest. Was kann ich tun, um mich endgültig dem Licht zuzuwenden?

E: Erkenne, wovon du dich nicht abwenden möchtest. Jeder hat seinen Schwerpunkt, aber es wird einer der drei animalischen Triebe sein, mit denen du beginnen musst. Also überprüfe die drei Triebe: Überleben, Sex, Beziehung. Dann sieh, was du nicht aufgeben willst, und fühle die Unerträglichkeit dessen. Wenn du bereit bist, es aufzugeben, ist diese Bereitschaft selbst das Licht, das scheint.

F: Ich würde gern meinen Stolz verbrennen.

E: Ja, aber der, der den Stolz verbrennen will, ist der Stolz! Du stellst den Fuchs dazu an, den Hühnerstall zu bewachen. Wenn nur das *Ich* übrig bliebe ohne den Stolz, wäre es darauf nicht stolz? »Wie toll ich das gemacht habe, ich habe all meinen Stolz verbrannt! Ich bin ja so perfekt!« Das ist so, als ob du sagst: »Oh, ich liefere nur diese kopflose Person ab« und dabei versuchst, den Kopf doch in das Tor hineinzumogeln. Das ist zum Scheitern verurteilt. Zum Glück. Du wirst es irgendwann einsehen. Es hängt davon ab, wieviel Leid du ertragen kannst.

F: Ich habe schon genug Leid ertragen.

E: Wirklich? Fast. Genug bedeutet: »Ich bin bereit, *alles* zu geben, was es erfordert. Was auch immer der Preis ist, ich bin bereit. Ich hatte genug.« Dann ist es sehr leicht. Diese Vorstellung von »mir« muss bereit sein zu sterben. Das ist die Selbstverbrennung, die Hingabe an die Liebe. Denn wenn du bereit bist, dann siehst du das Grauen, das im Namen von »mir« angerichtet wurde. Für dich selbst und andere. Also bist du schließlich bereit, es zu beenden, was auch immer der Preis ist. Du gibst dein Leben und sagst: »Okay, ich gebe es hin. Es ist nicht länger mein Leben. Ich habe es nicht besonders gut genutzt. Jetzt gebe ich es der Liebe.« In dieser Hingabe beginnst du tatsächlich, die Liebe zu finden. Du entdeckst, was sie wirklich ist. Sie ist vollkommen anders als das, was du dir vorgestellt hast. Diese Selbstentzündung, diese Bereitschaft zu verbrennen, dieses Feuer selbst zieht die Liebe an. Es reinigt, es hinterlässt ein Leuchten. Dann wird die Liebe zu dir Kontakt aufnehmen.

☙

F: Bedeutet Dienen nicht auch Demut?

E: Ja, ohne Demut gibt es kein Dienen. Demut bedeutet: Da ist niemand mehr, der dient. Niemand kann darauf stolz sein. Sobald jemand darauf stolz ist, ist es kein Dienen mehr. Dann ist es nur eine weitere selbstsüchtige Handlung.

∾

F: Ich habe erkannt, dass ich nie jemanden wirklich geliebt habe, weil ich mich nie lieben konnte. Deshalb wollte ich immer allen gefallen. Dafür habe ich oft Sex benutzt. Heute Morgen hatte ich das Gefühl, dass es Zeit ist zu sterben.

E: Ich bin sehr froh, dass du hierher gefunden hast. Du hast Recht. Es ist ein guter Tag zum Sterben. Sterben bedeutet, die alte Identität hinter sich zu lassen und dich dem Unbekannten zuzuwenden. Es ist Zeit für die Liebe, Zeit für etwas vollkommen Unbekanntes. Die ganze alte Geschichte ist beendet. Etwas hat dich hierher gebracht. Deine Liebe, dein Herz. Es hat dich immer gerufen. Jetzt bist du schließlich so weit heruntergekommen, dass du den Ruf hören kannst. Die Liebe, dieses unbekannte Etwas, das dich bewegt hat, ist absolut vertrauenswürdig. Gedanken sind nicht vertrauenswürdig. Emotionen sind nicht vertrauenswürdig. *Dies* ist vertrauenswürdig. Je empfindsamer du bist, um so offensichtlicher wird *Es*. Empfindsamer bedeutet, innerlich stiller zu werden. Wenn du im Innern ruhig bist, dann kannst du den inneren Ruf hören. Du kannst das hören, was in Stille spricht.

∾

F: Alles brennt in mir, ich gebe alles in das Feuer. Jetzt ist der richtige Moment. Ich möchte wirklich sterben.

E: Selbst dieser Gedanke kann in das Feuer gehen. Wenn dieser Gedanke in das Feuer geht, was bleibt?

F: Einfach nichts.

E: Ja. Also entspanne dich ganz tief ins Nichts. Finde heraus, wie tief es ist. Ist es leer oder voll? Es ist voll. Du bist Fülle. Womit ist diese

Leere, die voll ist, gefüllt? Du bist Liebe. Das ist sehr schön. Willkommen zu Hause. Dies ist der Anfang. Von hier an beginnt das Leben.

F: Es ist so unbekannt.

E: Ja, vollkommen unbekannt, vollkommen frisch. Und wenn die alte Angst zurückkommt, um das Unbekannte zu kontrollieren, gibst du sie einfach ins Feuer. Diese unbekannte Liebe ist vertrauenswürdig, wie du aus deiner eigenen Erfahrung weißt. Du fällst einfach immer tiefer in das Unbekannte. Um alles andere wird sich gekümmert werden, ganz natürlich.

F: Danke für dieses Vertrauen.

E: Das Vertrauen war dein eigenes. Die Bereitschaft war deine eigene. Das ist alles, was notwendig ist. Ich habe den Funken entzündet. Du bist hineingesprungen.

∾

F: Kann man Liebe üben?

E: Höre einfach auf, etwas anderes zu üben. Höre auf, das Ego zu üben. Was übrig bleibt, ist Liebe.

Das Erwachen

Wie können wir jeden lieben? Wie fügen wir niemandem Schaden zu? Die einzige Möglichkeit, allem, was auf dich zukommt, mit Liebe zu begegnen, besteht darin, nicht bereits verwickelt zu sein. Wenn du zu sehr mit anderen Dingen beschäftigt bist, wenn du selbst in so viele wichtige Dinge verwickelt bist, dann ist alles, was vor dir auftaucht, ein Hindernis, das aus dem Weg geräumt werden muss. Wenn du nicht persönlich involviert bist, wenn du nicht in deine Selbstgespräche verwickelt bist, dann ist dein Gewahrsein frei. Wenn dann Sein in diesem Gewahrsein erscheint, dann wird es nicht als ein Objekt gesehen. Es wird gesehen als das, was es ist, Bewusstsein, dein eigenes Selbst. So wie ein wundervolles, kleines Baby. Wenn du an ihm vorbeigehst, kannst du nicht anders, als es zu lieben. Es ist frisch, es ist nicht mit dir verstrickt. Wie die Natur. Das Baby weiß nicht mal, dass du existierst. Und du siehst es als das, was es ist, und du liebst das Leben, das da ist. Aber wenn der Körper des Babys größer wird, dann wird es zu einem weiteren Hindernis. Solange du selbst in diese Geschichte von *dir* verwickelt bist, solange wird alles, was auftaucht, entweder erfreulich oder un- angenehm sein. Du wirst entweder versuchen, es als etwas Angeneh- mes *für mich* festzuhalten oder als etwas Schlechtes *für mich* fernzu- halten. Aber, wenn dieses *für mich* einen Moment lang aufhört, dann siehst du es, wie es ist. Du siehst Bewusstsein, das Bewusstsein sieht. Die Liebe liebt die Liebe auf ganz natürliche Weise. In dem Moment, in dem du nicht persönlich verstrickt bist, brauchst du nichts zurück- zubekommen. Du willst nichts und du versuchst nicht, irgendetwas fernzuhalten. Du versuchst nicht, etwas zu beweisen. Du brauchst nicht hilfreich zu sein, du brauchst kein Recht zu haben. Du bist nicht persönlich involviert. Dann bist du die natürliche Quelle der Liebe, von der das Baby ganz natürlich trinken wird. Jeder wird ganz natürlich davon trinken. Die Taxifahrer werden dich anlächeln. Vielleicht wissen sie nicht, warum. Es ist egal, warum. Hör auf, etwas zu beweisen. *Es* ist seine eigene Belohnung. *Es* ist Glückseligkeit in sich. Aber wenn du *Das* imitierst, dann wirst du »der Hilfreiche«. Du predigst deinen Freunden, zeigst ihnen die Irrtümer ihres Weges, gibst ihnen aufmunternde Ratschläge. All das dreht sich nur darum, etwas für *dich* zurückzubekommen. Es ist ein versteckter Plan. Du bist hilfreich, um dafür anerkannt zu werden. Das ist sehr verschieden von anonymem Lieben. Das ist das Einzige, über das es sich hier lohnt zu sprechen.

Wie können wir ein glückliches Leben haben? Wie können wir dem Leben selbst dienen? Wie können wir der Welt dienen? Wie kannst du dir selbst dienen? Du kannst nicht lieben, wenn du dich selbst nicht liebst. Du kannst dich selbst nicht lieben, wenn du dich selbst nicht kennst. Um dich selbst zu kennen, musst du dich abwenden von deiner Sucht nach dem Nichtselbst. Mit Nichtselbst meine ich die Identifikation mit einem *Jemand*. Identifikationen mit Gedanken, Gefühlen und Körper als das, was *ich* bin. Solange du dich nicht vom Nichtselbst abwendest, kannst du dich selbst nicht sehen. Es ist wie im Kino. Du siehst den Film und weißt, es sind nur farbige Lichter. Und du weinst, du lachst, du bist involviert, als ob es real wäre. Doch die ganze Zeit lang leuchtet nur ein einziges Licht von hinten. Aber um dieses Licht zu sehen, musst du dich vom Film abwenden. Wenn du jedoch mit der Filmgeschichte identifiziert bist, möchtest du dich nicht davon abwenden. Du sagst: »Nein, das bin ich. Ich mag *den* Teil und ich behalte *den* Teil, aber *den* da will ich nicht mehr!« Du kannst dich nicht einfach nur von einem Teil des Filmes abwenden. Wenn du also bereit bist, wendest du dich einen Moment lang vollständig ab vom Film und hin zum Licht. Der Projektor ist das, was wir den denkenden Geist nennen. Der denkende Geist ist ein Prisma, kristallisiertes Bewusstsein mit einer gewissen Dichte. Licht scheint hindurch, wird gebrochen und projiziert die Welt: » *Ich* und *meine* Objekte. *Ich* und *meine* Beziehungen.« Und dann spielst du darin. Du lebst und stirbst darin. Immer wieder. Unzählige Male lebst und stirbst du in dieser Projektion. Du hast furchtbare Angst davor, das Kino zu verlassen. Angst, dich vom Film abzuwenden. Bis du durch Gnade von einer Welt außerhalb der Projektionsmaschine hörst. Und du denkst: »Nein, nein, das kann nicht möglich sein.« Die Welt außerhalb des Kinos sprengt für das Bewusstsein, das den Film sieht, den Rahmen aller Möglichkeiten. Denn während du den Film siehst, nimmst du blinkende, farbige Lichter wahr, die an- und ausgehen. Diese Lichter stellen Schauspieler dar, die imaginäre Rollen spielen. Wenn du glaubst, das sei wirklich, dann ist es unmöglich, dir zu beschreiben, was Realität ist. Doch weißt du in Wahrheit schon, was Realität ist, denn du *bist* Realität. Du bist Bewusstsein selbst. Bewusstsein, das ein Spiel mit sich selbst spielt. Das Spiel wird »Schlafwandeln« genannt. Die Folge wird »Schlafwandeln zum Tod« genannt.

F: Wie kann ich diese Wahrheit im alltäglichen Leben leben?

E: Das, was du das alltägliche Leben nennst, ist der Film! Wie kannst du an den Film glauben und gleichzeitig nicht an den Film glauben?

F: Ich begreife das mental. Was für eine Anstrengung muss ich unternehmen, um es direkt zu realisieren?

E: Es ist das Aufhören jeder Anstrengung. Jede Anstrengung ist die Projektionsmaschine. Wenn alle Anstrengung aufhört, hört die Projektionsmaschine auf. Du willst immer noch wissen: »Wie kann ich das bekommen, wovon du sprichst, und es mit zurück in *mein* Leben nehmen?« Ich spreche von dem Ende *deines* Lebens.

Das ist das Problem: *Mein* Leben versucht, *Es* einzufangen. Mit dem Gefühl, ein getrenntes Wesen zu sein, fängt alles an. Dann höre ich etwas über diese spirituellen Dinge, es klingt interessant, also probiere ich es mal aus. Durch Gnade hast du vielleicht einen Durchbruch und erhaschst einen Funken der Wahrheit. Aber dieser kurze Funke hat nur eine gewisse zeitliche Ausdehnung, vor und nach ihm wartet *meine* Geschichte. Jetzt wird daraus: »Meine Geschichte enthält eine Erfahrung von Wahrheit. Jetzt will ich mehr und intensivere spirituelle Erfahrungen haben.« Also wirst du mehr und bessere spirituelle Erfahrungen machen. Aber du wirst entdecken, wie gut sie auch sind, sie haben nur eine gewisse Dauer. Sie beginnen und enden mit *mir*. Ich, ich, ich ... spirituelle Erfahrung ... ich, ich, ich. Darauf war deine Frage gerichtet: »Wie nehme ich das mit zurück in *mein* Leben?« Es ist nicht möglich. *Dein* Leben existiert nicht und kann das nicht beinhalten.

F: Was bedeutet Erwachen oder Erleuchtung?

E: Mein Lehrer erzählte mir einmal eine Geschichte von zwei Freunden. Sie trafen sich jedes Jahr auf einer Pilgerreise und sprachen dann über ihre Familien. Eines Jahres kam der eine Freund nicht mehr. Nach einigen Jahren kam der andere Mann zufällig in die Gegend, wo sein Freund gelebt hatte. Er ging zu dem Haus seines Freundes, um herauszufinden, warum dieser so lange nicht aufgetaucht war. Er war sehr erstaunt darüber, in welchem Zustand sich das Haus befand. Der Freund hatte ihm erzählt, dass er ein kleines Vermögen besäße, aber seiner Familie nichts davon erzählte, da er nicht wollte, dass sie faul würden. Das Haus war sehr heruntergekommen und er fand die Frau seines Freundes vor, die in einer großen Steinmühle unermüdlich Getreide für ihre Nachbarn mahlte. Als er die Frau nach seinem Freund fragte, sagte sie ihm: »Er starb vor sieben Jahren.« »Hat er dir denn nichts erzählt, bevor er starb?« »Nein«, antwortete die Frau, »er wurde von einer Schlange gebissen und starb sofort.« Selbst während sie das sagte, hörte sie nicht auf, Mehl zu mahlen. Der Freund erzählte ihr: »Weißt du was, dein Mann hatte viel Gold versteckt. Es liegt genau unter deiner Mühle vergraben!« In dem Moment hörte die Frau auf zu mahlen. Sie hatte bis dahin nichts von dem Gold gewusst, doch es war immer dagewesen. Sie musste es nur aus einer verlässlichen Quelle hören. Das war ausreichend für sie.

Also was bedeutet Erwachen? Beende dein Mahlen! Und was ist Mahlen? Es ist diese neurotische Beschäftigung mit der Frage: »Oh, was wird aus mir?« Diese neurotischen Zwänge kreieren Leiden. Sorgen um deine Sicherheit. Du versuchst, deine Pflicht zu tun und bist davon genervt. Oder du rebellierst dagegen und bist ebenso davon genervt. All das ist Leiden. Hör nur einen Augenblick mit deinem

Mahlen auf und du findest, was schon immer hier war. Du findest den Schatz, und du erkennst: Alles, was du in deinem Mahlen gesucht hast, ist ein winziges Nichts, angesichts dessen, wer du wirklich bist. Dann entdeckst du die Tiefe der Liebe. Das ist so viel erfüllender als das ganze Mahlen. All das Mahlen dreht sich um Liebe: »Wer liebt mich? Wie kann ich mehr Liebe bekommen, warum liebt sie mich nicht?« Das alles ist eine Form der Trance. Die ständige neurotische Beschäftigung mit der Frage nach *mir*. Du bist ein Meisterhypnotiseur und redest die ganze Zeit zu dir selbst. Du versetzt dich selbst die ganze Zeit in Trance. Die ständigen Kommentare in deinem Kopf: »Ach ja, das macht Sinn … das sehe ich aber anders …«, all diese Kommentare sind eine Form von Selbsthypnose. Eine 24-Stunden-Geschichte, die bestimmt, ob du glücklich oder traurig bist. Freiheit bedeutet Freiheit von *deiner* Geschichte. Wenn die Geschichte von *mir* aufhört, entdeckst du diesen weiten Raum, eine endlose Stille. Darin findest du die Tiefe deines *Selbst*. Du erkennst dich als Bewusstsein selbst, als Frieden selbst, als Liebe selbst. Dann verbringst du den Rest deines Lebens damit, die Tiefe deines *Selbst* zu erforschen, statt den Rest deines Lebens weiter zu mahlen. Es ist wirklich so einfach.

Es ist die Bereitschaft, deine neurotischen Zwänge aufzugeben. Doch du gibst sie nicht auf, bis du wirklich am Boden bist. Wie jeder Drogenabhängige. Solange du es nicht als Sucht erkennst, sondern denkst: »Oh, aber was ist mit der guten Seite davon?«, wirst du die Sucht fortsetzen. Irgendwann merkst du, dass es dir nicht das geben wird, was du suchst. Selbst wenn du einen besseren Liebhaber findest, mehr Geld und ein größeres Haus hast, es wird dir nicht geben, was du willst. Auch Kinder werden dir nicht geben, was du willst. Das Problem, das wir alle als Kinder hatten, war, dass unsere Eltern von uns Erfüllung erwartet haben.

Du kommst vielleicht in deiner Beziehung zu einem Punkt, an dem es tot und leer wird und dann denkst du: »Okay, lass uns ein Baby haben.« Das Baby bekommt dadurch eine enorme Verantwortung. Du erwartest von ihm, erleuchtet zu sein und dich zu lieben, so wie du bist. Und damit ist eine neue neurotische Generation geboren.

Aber wenn *du* gewillt bist, aufzuwachen und diesen Wahnsinn zu beenden, wenn *dein* Leben erfüllt ist, dann ist es wunderschön. Wenn du Eltern hast, bist du ein erleuchtetes Kind. Wenn du Kinder hast, bist du eine erleuchtete Mutter oder ein erleuchteter Vater. Wer möchte nicht einen erleuchteten Partner haben? Das Problem ist, jeder wartet darauf, dass der andere den ersten Schritt tut. »Wenn nur meine Eltern, mein Partner erleuchtet wären, dann wäre es kein Problem!« Du erwartest von ihnen, dass sie sich erleuchtet verhalten und bist wütend darüber, dass sie es nicht tun. Sie lieben dich nicht so, wie du bist! (Lacht). Sie geben dir nicht alles, was du willst.

Es geht um *deine* Bereitschaft, *deine* Beteiligung am Leiden zu beenden. Triff die Entscheidung, egal was es erfordert, nicht weiter am Leiden teilzunehmen. Dann erkennst du, wie du Leiden erzeugt hast, wie die Menschen um dich herum leiden. Es ist offensichtlich. Was wäre, wenn du einfach bereit wärst, aufzuhören? Was auch immer es von dir fordert. Es ist ein guter Tag zum Sterben. Mit dieser Bereitschaft ist alles möglich. Ohne sie ist nichts möglich.

෴

F: Ich will erwachen.

E: Wenn du erwachen willst, musst du stehen bleiben. Es ist wie ein Scheiterhaufen, an den du festgebunden wirst und deine gesamte karmische Vergangenheit beginnt, um dich aufzulodern. Das ist ein Feuer, das alles verschlingt. Was bleibt noch übrig zum Verbrennen? Finde heraus, was du nicht bereit bist loszulassen. Das ist das Einzige, was wert ist, verbrannt zu werden. Alles andere ist nur Rauch.

෴

F: So viele haben die Anwesenheit von erleuchteten Meistern aufgesucht. Doch so wenige sind selbst erwacht. Das nimmt mir ziemlich den Mut und ich frage mich, ob ich es schaffen kann. Es scheint nicht so leicht zu sein.

E: Es ist möglich für jeden. Dies ist die Zeit für jeden, um zu erwachen. Für jeden. Das ist ziemlich klar. Wenn es für Gangaji möglich ist, dann ist es für dich möglich. Es ist dasselbe. Eine westliche

Frau mit heller Haut, genau wie du. Ich sehe, wie es um mich herum geschieht. Ich sehe, wie Menschen erwachen. Es ist möglich.

၄၁

F: Wie bleibe ich in diesem erleuchteten Bewusstsein?

E: Du *bist* Bewusstsein. Derjenige, der sich darin fokussieren will, muss einfach verschwinden. Nur für einen Moment. Dann erkennst du: Bewusstsein ist 360°. Vollkommen präsent, vollkommen gewahr, absolut empfindsam, intelligent, vor Liebe überfließend. Es ist nicht nötig, sich zu fokussieren. Der, der es festhalten will, ist der Einzige, der dein Selbst verschleiert. Er stellt sich vor, da wäre *jemand*, der das Bewusstsein kontrollieren könnte. Doch dieser *Jemand* ist nur ein kleiner Aspekt, der aus dem Bewusstsein aufsteigt. Du bist Bewusstsein. Fokussiert oder nicht fokussiert.

၄၁

F: Wenn ich schaue, wer ich bin, dann sehe ich nichts. An der Oberfläche sehe ich alle möglichen Dinge, doch im Kern sehe ich nichts.

E: Das ist richtig. Im Kern ist nichts. Totale Leere. Das ist die Natur dessen, der alles sieht.

၄၁

F: Was ist der Unterschied zwischen Weltflucht und spiritueller Reife, die nach innen führt? Ziehe ich mich damit nicht nur aus der Verantwortung? Was ist wirklich?

E: *Wirklich ist, was nicht kommt und geht.* Unwirklich ist, was kommt und geht. Finde heraus, was nicht kommt und geht. *Du* bist Wirklichkeit. Du musst nach innen gehen, um zu erkennen, dass das Außen nicht wirklich ist. Wenn du weit genug nach innen gehst, erkennst du, dass es kein Innen und Außen gibt. Wenn du nach außen gehst, wirst du nie zu dieser Erkenntnis kommen. Es gibt immer mehr Außen, immer mehr Phänomene. Phänomene sind einfach nur das Erscheinen und Verschwinden von Energiemustern in der Leere. Wenn du die Energiemuster jagst, weil du glaubst, dass es reale Objekte sind, wird es dich nie zu dem führen, was du wirklich willst. Was du willst, ist jenseits jedes Objektes. Wann immer du ein Objekt siehst, es ist nicht, was du willst. Selbst, wenn es ein feines, subtiles, mentales Objekt ist. Deine inneren Bilder sind nur eine Projektion deines Verstandes. Was du willst, ist jenseits von Projektionen. Es ist die Quelle aller Phänomene. Es ist das, woraus Phänomene erschaffen sind, worin sie erscheinen, worin sie wieder verschwinden. Bleibe mit dem Wirklichen verbunden und kehre dem Traum den Rücken. Es geht nicht darum, den Traum zu verändern. Es geht nicht darum, diese Aktivität aufzugeben und jene anzufangen. Du wirst *Das* nie finden, indem du die Muster des Traums veränderst. Veränderung geschieht, wenn du dich abwendest vom Unwirklichen und dich dem Wirklichen zuwendest. Dann geht der Traum zwar weiter und die Aktivitäten des Körpers werden noch von einer gewissen Dynamik angetrieben, aber sie erledigen sich ohne Anstrengung. Sie brauchen niemanden, der sie tut. Dann bist du im Traum wach und spielst einfach eine Rolle. Du weißt, es ist eine Rolle und du nimmst es nicht persönlich. Es ist nur eine Erscheinung. Ein momentanes Aufblinken. Ein momentanes gefärbtes Licht, das eine mikroskopisch kleine Millisekunde lang an- und ausgeht. Und das nennst du ein Leben.

F: Kann der Begriff von Erleuchtung und ihre viel versprechende Beschreibung nicht auch bereits wieder Illusion sein?

E: Ja. Wenn du in den Bann von Konzepten gerätst, dann verlierst du *Es*. Es ist wichtig, die Möglichkeit von etwas anderem zu kennen. Es muss ausgesprochen werden, damit die Möglichkeit erkannt wird. Wenn es jenseits dieser menschlichen Erkenntnis nichts gäbe, hättest du bei deiner Erforschung nichts zu verlieren. Aber wenn ich Recht habe, hast du alles zu gewinnen.

Ich spreche nicht von einem weiteren Objekt, einer weiteren Vorstellung in deinem Universum. Ich spreche vom Ende des Universums. Es geht nicht um persönlich oder überpersönlich. Gib alle Identifikationen ganz und gar auf und dann schau, was übrig bleibt.

Wenn das *Ich* für einen Moment verschwindet, wird der Körper weiterleben und weiterhandeln, du wirst weiterleben als Bewusstsein. Intelligenter. Präsenter. Vollkommen in Frieden.

F: Ist das Ego nur eine falsche Vorstellung?

E: Ja. Du bist Bewusstsein. Verschiedene Formen erscheinen und verschwinden im Bewusstsein.

F: Es geschieht also alles von selbst, wenn ich still bin?

E: Ja. Wenn du still bist, sorgt alles für sich selbst. Was ist Stille anderes als Liebe? Der Verstand zweifelt: »Kann ich der Liebe mehr vertrauen als dem Verstand?« Das kommt daher, weil der Verstand den Platz des »Junior-Gotts« eingenommen hat. Er hält sich für den Schöpfer. Er visualisiert Engel für dich. (Lacht). Das ist die Arroganz des Verstandes. Er nimmt den Platz von Gott ein und sagt: »Ich weiß, was am besten ist. Ich weiß, was das Ergebnis sein sollte. Das Ergebnis sollte sein, dass *ich* reich bin, dass es bequem für *mich* ist und dass für *mich* gesorgt wird. Und wenn ich zu Gott bete, dann wird er tun, was *ich* will.« Aber wenn der Verstand bereit ist, diese Arroganz aufzugeben, lässt er das Herz die Kontrolle übernehmen. Nicht den Körper, nicht die Gefühle, nicht die Gedanken. Das wahre Herz, die absolute Stille, die überall gegenwärtig ist, zu jeder Zeit. Bewusste Liebe. Das steht zur Wahl: »Sollte unsterbliche, bewusste Liebe die Kontrolle haben oder sollte *ich* sie haben?« Es ist furchterregend, die Kontrolle abzugeben. Ich bitte dich nicht, die Kontrolle jemand anderem zu übergeben, wozu die Menschen sehr bereit sind. »Ich gebe Dir die Macht. Sei Du der Vater. Triff Du die Entscheidungen für mich. Dann kann ich Dir die Schuld geben, wenn etwas falsch läuft.« Das ist es nicht. Gib die Kontrolle deinem Herzen. Wenn du hier bist, um still zu sein, dann hast du Glück. Das ist alles, woran ich interessiert bin, an Stille. Ein anderes Wort für Stille ist Realität. Solange du glaubst, dass das, was du siehst, real ist, dass das, was du denkst, real ist, dass das, was du fühlst, real ist, entgeht dir die Realität. Die Realität ist unsichtbar. Wenn du die Stille erfährst, entdeckst du die innewohnende Realität. Realität bedeutet: Es verändert sich nicht. Es kommt und geht nicht. Es endet nicht. Dann siehst du, was wirklich und nicht wirklich ist und dann lebst du als das Wirkliche, anstatt als Projektion. Stille ist der Grund allen Seins, ein Brunnen ohne Boden und Deckel, ohne Begrenzung.

Die Tendenz der modernen spirituellen Gemeinschaft ist: ein bisschen hiervon, ein bisschen davon. Hier ein bisschen Highsein, da eine neue Erfahrung machen. Doch irgendwann beendest du deine Suche nach immer neuen Erfahrungen. Wenn du Glück hast, dann triffst du etwas, was dich auf deinem eingefahrenen Gleis stoppt. Nicht nur eine neue Erfahrung, nicht eine weitere schöne Vision, nicht ein weiteres tantrisches High, nicht eine weitere spirituelle Reise. Sondern etwas so Tiefes, dass es dich in deiner Spur stoppt. Du hörst auf mit dem Schaufensterbummel und schaust nach innen. Deine gesamte Aufmerksamkeit wendet sich nach innen. Wenn es dir Angst macht oder du dich langweilst, dann gehst du wieder an die Oberfläche und beginnst nach etwas Neuem zu suchen. Die gesamte spirituelle Szene ist eine Konsumbewegung geworden. Du schaust dir verschiedene Darbietungen an und holst dir verschiedene Initiationen. All das wird dem Ego einverleibt. Doch die wirkliche Freude, angesichts derer alles andere verblasst, ist die Glückseligkeit deines eigenen Selbst. Es ist jenseits von dem, was die Sinne dir geben können. Es ist manchmal jenseits der Fähigkeit des Körpers, es auszuhalten. Die Glückseligkeit ist so überwältigend. Manchmal fühlt es sich so an, als ob du für 110 Volt ausgerüstet bist, aber deine Finger in 2000 Volt steckst. Aber wenn sich deine Fähigkeit, das Unerträgliche zu ertragen, vertieft, wenn du weißt, wonach du zu schauen hast, dann erfährst du tiefer und tiefer die Glückseligkeit deines eigenen Wesens.

❧

F: Wenn wir alle im Einssein sind, warum sind wir überhaupt herausgegangen? Ist das alles ein Spiel?

E: Das klingt ja wie ein Interview mit dem »Stern«. Wir sind nicht alle in der Einheit und niemand ist jemals herausgegangen. Du kannst nicht aus der Einheit fallen. Wenn du es könntest, wäre es kein Einssein. Dann wäre es Zweisein. Dann gäbe es »dich« und »alles andere«. Was willst du?

F: In der Einheit bleiben.

E: Du bist *Eins*. Da gibt es kein »Ich« und kein »alles andere«. Du bist *Eins*, ob du das fühlst oder nicht. Aber du kannst es direkt realisieren, wenn du bereit bist, das Ich aufzugeben. Du willst, dass dein Ich groß genug ist, um alles zu umfassen. So funktioniert es nicht. Dann wäre ein »Ich« im Zentrum des Universums und »alles« wäre »dein« Objekt. Dieses »Ich«, das eins sein möchte mit »allem«, existiert in Wahrheit überhaupt nicht. Wenn du das entdeckst und dem treu bleibst, indem du deine Selbstsucht aufgibst, alle deine Süchte, dann hat dieses Ich keinen Platz zu leben. Wenn du Wissen und Tun aufgibst, entdeckst du, da ist kein Ich. Dann siehst du Einheit überall. Es gibt kein Außen oder Innen. Das ist nur eine Verteidigung des Ichs. Finde heraus, wer du bist. Finde heraus, was real ist. Sonst sind das alles Konzepte, mit denen du spielst, um zu rechtfertigen, ein größeres »Ich« zu haben, ein spirituelles »Ich«, das sich eins fühlt, das sich verbunden fühlt. Jesus gebrauchte die Metapher vom Reichen, der nicht durch ein Nadelöhr geht. Das bedeutet, du musst alles zurücklassen, all deinen Besitz, und dich dem Unbekannten zuwenden. Du musst die Vorstellung von einem »Ich«, von »mir« und »mein« aufgeben. Wenn das weg ist, dann ist nackte Klarheit da. In der Wahrheit siehst du keine Verschiedenheit. In der Erscheinung siehst du unendliche Unterschiede. Sieh beides und nimm es nicht persönlich. Dann bist du glücklich, dann ist jeder um dich herum glücklich. Es ist eine Erleichterung für jeden. Die anderen brauchen sich nicht zu verändern, nur du. Dann werden sie es vielleicht von dir übernehmen. Dann wird es sich verbreiten. Die Erkenntnis, dass überall nur Liebe ist, wird sich verbreiten. *Es wird eine Welt der Entsagenden sein, die dennoch vollkommen engagiert in einer Welt der Glückseligkeit leben.* Der Kopf kann das nicht verstehen, aber etwas Tieferes kann es verstehen.

F: Ich fühle positive Schwingungen, wenn ich dich sehe.

E: Was ist tiefer als das, was du fühlst?

F: Ich weiß nicht, was tiefer ist als die Liebe, die ich fühle.

E: Das ist richtig. *Das* hat keinen Namen. Wir nennen es »Liebe«. Doch selbst »Liebe« ist unangemessen. Denn dann besteht die Tendenz zu denken, du wüsstest, was das bedeutet. Doch *Es* ist unergründliche Weite. Wenn wir in Kontakt damit kommen, ist enorme Glückseligkeit da. Kein Ich und kein Du. Nur dieses Unaussprechliche. Wenn du dein Leben diesem Unaussprechlichen gibst, sodass du so darin absorbiert wirst, dass es keinen Unterschied mehr gibt, dann bist du wach in einem Traum. Dann kannst du dienen.

☙

F: Was bedeutet Erleuchtung?

E: Das menschliche Wesen sieht nur ein kleines Spektrum des Lichtes. Da alle Menschen nur dieses beschränkte Spektrum sehen, gibt es eine universelle Übereinkunft: Die Welt ist so, wie wir sie sehen. Es erfordert enorme Anspannung und Aufmerksamkeit, die Welt an diesem Punkt zu fixieren. In der Bereitschaft, sich vollkommen zu entspannen, öffnet sich dieses rigide Festhalten der Welt. Dann kannst du plötzlich das volle Spektrum sehen. Für einen Moment siehst du überall Licht und erkennst, wie es in Wirklichkeit ist. Erleuchtung bedeutet, das Licht zu entschleiern. Nur die Ich-Vorstellung schafft es, das Licht zu verschleiern.

Machen wir ein Experiment: Was wäre, wenn du dich selbst als Liebe vorstellen könntest und einfach überall Liebe fändest und in die Liebe fielst? Du fändest sie so tief, in allen Richtungen, und dann sähest du all deine Beziehungen in Liebe, erfüllt von Liebe. Was wäre, wenn deine Natur Liebe ist?

F: Warum müssen wir Menschen so suchen? Warum sind wir aus der Ordnung gefallen? Als Kind dachte ich oft, Gott hat einen Fehler gemacht. Die Tiere sind doch auch nicht herausgefallen. Warum haben wir einen Verstand, der denken kann, dass wir getrennt sind?

E: Damit du die Wahrheit erkennen kannst. Bäume können die Wahrheit nicht erkennen. Sie können die Wahrheit sein. Sie können ein Ausdruck davon sein. Aber sie erkennen es nicht bewusst. Das Tier »Mensch« hat die Fähigkeit zu reflektivem Bewusstsein. Diese Fähigkeit könnte es auch bei Bäumen geben, das weiß ich nicht wirklich. Aber Bäume haben eine andere Art von Bewusstsein. Reflektives Bewusstsein beginnt mit der Polarität von Ja und Nein, An und Aus. Das ist das Essen der Frucht vom Baum der Erkenntnis. In diesem Moment wurde der Mensch eine andere Art von Tier. Durch das Denken trat er aus dem Hintergrund, aus der Quelle, in den Vordergrund und Trennung trat auf: die Erscheinung von »mir« und »anderen«, die Fähigkeit, zur Wahrheit zurückzuschauen. So kann Gott sich selbst sehen.

F: Papaji sagte einmal in einem Satsang, manchmal kämen Götter auf die Erde, um sich vor dem Menschen zu verneigen. Was sind das für Götter?

E: Sie leben in deinem Geist. Wenn du mit Gott erwachtes Bewusstsein meinst: Erwachtes Bewusstsein kommt nicht und verbeugt sich nicht. Erwachtes Bewusstsein reflektiert sich selbst, gibt sich sich selbst hin, sieht sich selbst überall. In deinem Verstand hast du Götter und Dämonen. Sie müssen alle zur Stille kommen.

F: Aber wir sehen dich doch und wir berühren dich doch, also können wir das Göttliche doch sehen.

E: Du kannst eine Reflexion sehen und hören und wenn die Reflexion nicht verdunkelt, sondern klar und still ist, dann wird die Wahrheit gespiegelt. Mache dein Leben zu einem sattvischen Leben, zu einem klaren und einfachen Leben. Dann wird die Wahrheit darin widergespiegelt. Es ist nicht so, dass *du* etwas mit der Wahrheit machst. Du wirst so unsichtbar, dass die Wahrheit hindurchscheint. Wenn du sagst, dass du mich siehst, dann siehst du in Wirklichkeit dein eigenes Selbst. Ja, du kannst dein eigenes Selbst sehen. Innen und Außen. Das ist das Spiel. Das ist der heilige Vorteil der menschlichen Existenz. Doch wenn du es verschmutzt und viele Wellen machst, Wellen von »meinen Wünschen und der Vermeidung von meinen Ängsten«, dann gibt es keine Klarheit mehr, um die Wahrheit zu sehen. Die Wahrheit scheint immer noch. Aber in diesem kleinen Teil des Ozeans des Verstandes ist das Sehen durch Turbulenzen gestört.

☙

F: *Wer ist es, der die Frage stellt:* »*Wer bin ich?*«

E: Bewusstsein ist Bewusstsein. Es gibt kein Leben ohne Bewusstsein. Es gibt keine Intelligenz ohne Bewusstsein. Du *bist* Bewusstsein. Wenn Bewusstsein sich vorstellt, ein denkender Jemand zu sein, dann dreht sich dieser denkende Jemand um, um herauszufinden, wer er ist. Ist da wirklich ein denkender Jemand, der sich umdreht? Nein. Also dieser scheinbare Jemand dreht sich um, um zu sehen, wer er ist, und entdeckt, dass er Bewusstsein ist.

☙

F: *Spürst du manchmal dein Ego?*

E: Sicher. Alles kann auftauchen. Aber es taucht auf in einem Feld von Wissen. Wenn das Ego nicht mehr auftauchen dürfte, dann wäre das keine Freiheit. Dann wäre in ihr nicht alles inbegriffen. Der Unterschied ist: Dem Ego wird nicht mehr geglaubt, ihm wird nicht gefolgt. Es verursacht kein Leiden mehr.

Aber du kannst nichts voraussetzen. Wenn du denkst: »Okay, das ist jetzt weg, das wird sich nie wieder zeigen«, dann bringst du dich damit in Schwierigkeiten. Sei bereit für alles, was sich zeigt. Wenn du sagst: »Das ist jetzt weg, das kommt nicht wieder«, dann leidest du, wenn es wiederkommt.

F: Gibt es ein spirituelles Reifen oder ist das nur Illusion?

E: Es gibt die Erscheinung von Reifung. Sie erscheint im Reich des Verstandes. Es erfordert zahllose Leben, Inkarnation nach Inkarnation, um es schließlich zu begreifen. Du legst deine Hand immer wieder in dasselbe Feuer, um letztendlich zu begreifen: Wenn ich meine Hand ins Feuer lege, verbrenne ich mich. Das scheint im Rahmen von Zeit zu passieren. Auch nach dem Erwachen geschieht Vertiefung, die ein Ablauf in der Zeit zu sein scheint.

Zuerst gibt es Momente der Erfahrung von Erleuchtung. Diese Erfahrungen kommen immer häufiger. Irgendwann bist du bereit, dem Tod ins Gesicht zu schauen. Wenn du bewusst dem Tod ins Gesicht schaust, geschieht das Erwachen aus der Identität als ein Jemand.

Erleuchtung ist die Erkenntnis, dass in Wirklichkeit niemand hier ist. Danach gibt es einen weiteren Schritt. Als Ramana erwachte, verließ er sein Zuhause, um seinen wahren Vater zu finden. Das ist die Rückkehr der Seele zur Einheit. Auf diesem Weg gibt es auch wieder verschiedene Stadien. In diesem Verbrennungsprozeß geht die Vertiefung weiter. Es ist das Ende des Leidens und der Beginn des Lebens. Man verlässt die Hölle von Vergnügen und Schmerz und gelangt in den Himmel der Glückseligkeit und des Schmerzes. Und danach gibt es keinen Himmel und keine Hölle mehr. Du begegnest nur noch deinem Selbst, überall. Dann scheint vielleicht so etwas wie eine Vertiefung in diese Natürlichkeit stattzufinden. Doch in Wirklichkeit gibt es keine Vertiefung, keine Veränderung. Es ist immer genauso, wie es war. (Lacht). So, wie es immer sein wird.

☙

F: Ich erfahre in meinem Leben immer wieder, dass jeder Schritt vorwärts seine Zeit braucht. Deshalb glaube ich, dass besonders der Schritt zur Erleuchtung seine Zeit braucht.

E: Jeder Schritt, den du gehst, braucht seine Zeit. Keiner von ihnen hat dich dahin gebracht, wohin du wolltest. Es geht nicht um einen weiteren Schritt. Es geht um das Ende aller Schritte. Es ist nicht ein weiteres Objekt, wie die vielen Objekte, die du gekannt hast. All die

Schritte, die du gemacht hast, beinhalteten ein Ich, das die Schritte gemacht hat. Und die Schritte, die du gemacht hast, gaben dir ein gutes Gefühl. Diese Arroganz, dich gut zu fühlen, ist eines der Hindernisse, die dich davon abhalten, die Schritte zu beenden.

Du kannst *Das* nicht besitzen.
Du kannst keinen Schritt darauf zu machen.
Du kannst *Das* nicht mit dir herumtragen.
Du kannst *Das* nicht benutzen.
Du kannst *Das* nicht beanspruchen oder es dir zugute halten.
Alles, was du tun kannst, ist, dich im Angesicht *Dessen* hinzugeben.
Und das ist kein Schritt.

F: Aber die Gnade der Erleuchtung kommt doch erst zu einer bestimmten Zeit?

E: Genau. Deshalb beende all deine Schritte. Jeder Schritt, den du machst, führt dich davon weg. Mach dich selbst bereit für die Gnade, indem du alles aufgibst.

F: Ich habe das Gefühl, alle Schritte sind getan. Trotzdem habe ich das Bedürfnis, mit dir zusammen zu sein.

E: Ja, du gibst alles dieser Sehnsucht. Es ist dein Herz, das der Gnade antwortet. Wenn du absolut alles dieser Sehnsucht gibst, dann vertieft sich das. Du machst dich selbst zur perfekten Braut. Denn du bist verliebt in dein eigenes Selbst, du sehnst dich nach deinem Selbst. Du kannst nicht ohne es leben. Also gibst du dich ihm hin. Die perfekte Braut ist makellos. Makellos bedeutet, du gibst alles dieser Sehnsucht. Wenn du dich von der Sehnsucht abtrennst und einwendest: »Aber was ist damit? Ich muss doch noch das und das tun«, erzeugt das Unreinheiten. Es ist ganz einfach. Was du liebst, dahin geht deine Sehnsucht. Also bleibe dem treu, was du liebst.

Gefunden durch Liebe

F: Was ist Liebe? Wie kann alles in diesem Universum Liebe sein? Ich fühle mich oft wie eine Festplatte, die voll mit allem Möglichen ist.

E: Du bist hier, um die Festplatte zu reinigen. Es gibt keine Worte für Liebe. Selbst Liebe ist nur ein Wort. Du versuchst etwas zu fixieren, was jenseits von Worten liegt. Gott, Tao, Liebe, keines dieser Worte kann es erfassen. Es sind Konzepte des Verstandes, der zu begreifen versucht, was nicht begriffen werden kann.

Aber es gibt keinen Zweifel,
deine Natur ist die vollkommene Leere,
vollkommene Intelligenz.
Bewusstsein, das sich seiner selbst bewusst ist.
Das ist Liebe.
Glückseligkeit.
Keine Grenzen, kein Körper.
Es scheint sich in einem Körper inkarniert zu haben und doch ist
es überall.
In allen Richtungen, zu jeder Zeit.
Vollkommen homogen, fest, überall.
Das ist Liebe.

Wenn du dir deiner selbst gewahr bist als absolute Leere,
das ist Weisheit.

Wenn du dir deiner selbst gewahr bist als absolute Fülle, überall, das ist Liebe.

Und wenn du scheinbar als ein Individuum auftrittst, als Leere, die eine Rolle spielt, so ist das Lila. Lila, das göttliche Spiel.

F: Ich fühle etwas Neues. Wenn ich der Liebe Aufmerksamkeit schenke, dann kommt sie.

E: Das ist so einfach, nicht wahr? (Lacht). Denn Liebe ist Realität, also ist sie immer hier. Es erfordert wirklich nur deine Bereitschaft, sie anzuschauen. Dann fällt das ganze andere Zeug weg, denn es ist nicht real. Solange du das alles real nennst: »Mein Körper ist real, meine Beziehungen sind real, meine Arbeit ist real, mein Sex ist real«, solange ist das, was wirklich real ist, unsichtbar. Aber wenn du dich dem zuwendest, was real ist, indem du dich der Liebe öffnest, dann merkst du, dass die Liebe real ist. Alles, was du für real hieltest, sind nur vorübergehende Erscheinungen. Dann verliebst du dich so tief in die Liebe, dass es keine Trennung mehr gibt. Du weißt, dass du Liebe _bist._ Es ist kein Glaube, kein Slogan, nicht irgendetwas, was du gehört oder gelesen hast. Wenn du dein Herz der Liebe gibst, offenbart sich deine Natur selbst.

F: Mein Verstand versucht, die Liebe als bloße Empfindung abzuwerten.

E: Vertraust du dem Verstand oder der Liebe? Der Verstand kann nicht mit der Liebe umgehen. Er entstellt sie und setzt sie herab, er versucht, nur ein vorübergehendes Ereignis daraus zu machen. Wenn der Verstand seine Hände darauf legen kann, kann er sagen: »Oh, das ist meins.« Aber das ist unmöglich. Es ist so einfach. Warum gibst du nicht einfach der Liebe hundertprozentige Aufmerksamkeit? Dann ist es getan. Das ist der Anfang. Die Liebe hat dann die Kontrolle

über das Ende, denn der Verstand kann unmöglich erfassen, worauf
es hinauslaufen könnte. Es ist jenseits von Verstehen.

❧

*F: Vor einem Jahr bat ich dich, dein Schüler werden zu dürfen. Auf
deine Frage: »Was willst du?« wusste ich keine Antwort. Jetzt weiß ich
es. Ich möchte die Liebe annehmen und die Liebe geben.*

E: Du bittest um eine Beziehung mit der Liebe. Wenn du Liebe voll-
kommen annimmst und vollkommen gibst, findest du heraus, wer
du bist. Dafür musst du der perfekte Schüler der Liebe sein. Auf
Englisch hat das Wort Schüler, »disciple«, dieselbe Wurzel wie das
Wort Disziplin. Diese Disziplin des Schülers ist der Dienst an der
Liebe. Wenn du dich der Liebe hingibst, gibst du deinen Widerstand
auf. Dann ist da ein vollkommenes Ja. In dem Aufgeben von allem
Widerstand gibt es keine Trennung mehr zwischen dir und der Liebe.
Dann erkennst du, wer du bist.

❧

F: Ich habe mich entschlossen, der Liebe und dir zu vertrauen.

E: Wenn du der Liebe vertraust, dann reicht das aus. Wenn du der
Liebe und einem Eli vertraust, dann sind das zu viele.

❧

*F: Nach unserer letzten Begegnung war ich so verliebt, einfach so, ohne
ein Objekt. Das war so schön. Doch es hat nur eine Woche gedauert.*

E: In Wirklichkeit ist es immer noch da. Du hast dich nur nach einer
Woche davon abgewendet. Es wurde zu viel, zu gut: »Wie komme ich
schnell wieder zurück in den Käfig und zu den Fütterungszeiten?«
Aber du brauchst nur *eine* Erfahrung, um die Wahrheit zu kennen.
Wenn es das ist, was du unbedingt willst, dann bist du bereit, alles
dafür zu geben. Das ist Christus-Bewusstsein. Christus sagte: »Ich

und mein Vater sind eins.« Wenn alle um ihn herum auch gesagt hätten: »Ich und mein Vater sind eins«, dann wäre es eine sehr veränderte Welt gewesen. Stattdessen sagten sie: »Oh, er und sein Vater sind eins. Jetzt werden wir das verehren.« (Lacht).

Wahre Liebe kommt und geht nicht. Deine Erfahrung kommt und geht. Wenn du dann wieder fasziniert bist von anderen Phänomenen und Erfahrungen, fragst du dich: »Oh, wo ist die Liebe geblieben? Sie hat nur eine Woche angehalten.« Diese Liebe verlangt deine vollkommene Ergebenheit. Du kannst nicht mehrere Geliebte haben. Dann erkennst du, wo du untreu warst. Du brichst die anderen Beziehungen ab und bleibst nur bei der Liebe.

F: Ich bin hierher gekommen, um die Liebe zu vertiefen. Doch ich habe hier erst erfahren, was Liebe ist. Ich habe erfahren, dass Liebe leer ist und sich nicht in den Weg stellt. Sie gibt keine Ratschläge, sie will nicht helfen, sie will nicht einmal dienen. Liebe ist einfach nur.

E: Sehr einfach. Sie ist das Einfachste und endlos tief. Die süße Glückseligkeit ist so subtil. Dies ist der Anfang des Lebens. Es ist wirklich ein Tag der Feier. Bleibe dem treu. Alle Prüfungen und Versuchungen sind Liebe, die dir die Gelegenheit gibt, tiefer zu gehen.

Stille

Der einzige Grund, warum wir hier sind, ist die Stille. Worte sind nur ein Vorwand, um zusammenzukommen. Wenn du vollkommen reif und bereit bist, dann ist die Stille alles, worauf du wartest. Dein Herz spricht zu dir in Stille. Es hat immer in Stille zu dir gesprochen. Wenn du seine geheime Sprache nicht verstehst oder zu viel Lärm in deinem Kopf machst, um es nicht zu hören, dann ist eine physische Form notwendig, die dir gegenübersteht, um dir zu sagen: »Die Stille enthält alles. Sei einfach ruhig. Hör auf mit allem. Beende alle Übungen, alle Ausreden, alle Überzeugungen, alle Hoffnungen, alle Wünsche … und sei still.«

Dann wirst du *Das* entdecken, was du in allem Übrigen gesucht hast. Die Erfüllung, nach der du im Lärm, im emotionalen Tumult, in der Jagd nach vergnüglichen Objekten gesucht hast, entdeckst du in deinem Herzen. In der Reinheit der Stille. Was ich sage, mag erschreckend klingen oder abgehoben. Vielleicht denkst du, es gilt für einen Yogi, aber nicht für dich. Ich bin kein Yogi. Ich bin wie du. Kein Unterschied. Derselbe Hintergrund. Dieselben neurotischen Eltern. Dieselbe unglückliche Kindheit. Also ist es möglich für dich.

Stille ist so süß. Wie können wir sie nicht lieben? Sie wird durch nichts berührt. Nicht durch den Lärm auf der Straße. Nicht durch den Lärm in deinem Kopf. Der Lärm in deinem Kopf ist nur die Vergangenheit, die darin rumort. Das Kommentieren und Denken ist nichts Neues. Nur Lärm aus der Vergangenheit. Irgendwann bist du dessen müde. Das bedeutet nicht, dass du dagegen kämpfst. Du versuchst nicht, es zu verdrängen. Du schenkst ihm einfach keine Aufmerksamkeit mehr. Dann wird es dich testen und noch lauter werden. Na und?

Die Stille wird nicht berührt vom Lärm, also lauschst du immer aufmerksamer der Stille. Sie ist immer hier, sie ruft dich. In jedem Moment. Egal, was vor sich geht, du kannst immer innehalten und der Stille lauschen. Das wird die Trance unterbrechen und die Verwicklung in *meine* Geschichte.

F: Bei mir zu Hause ist es sehr still. Doch wenn ich zur Arbeit gehe, habe ich das Gefühl, ich verliere diese Ruhe wieder.

E: Als ich bei Papaji war, war der Satsang noch sehr klein. Er hat uns oft auf einen indischen Markt geführt. Voller Lärm und Schmutz. Nichts berührt die Stille.

౫

F: Wie kommt es, dass ich die Stille so leicht spüren kann, wenn du anwesend bist? Und warum ist es so schwer, wenn ich wieder zu Hause bin? Was strahlst du aus?

E: Was hier ausstrahlt, ist deine eigene Natur. »Du« musst aus dem Weg gehen. Wenn »du« die Bühne verlässt, dann leuchtet *Es*. Du denkst vielleicht, dass hier ein Eli ist, der etwas tut. Doch wenn hier ein Eli wäre, der etwas täte, dann stünde er dem im Weg, was du gerade erfährst.

F: Vielleicht ist die Ausstrahlung ja so intensiv, weil Eli nicht da ist.

E: Ja, das ist der Punkt. Also, was bedeutet das für dich? Hör auf, dir einzubilden, dass du ein Jemand bist. Solange du dir vorstellst, du bist jemand, solange musst du dir vorstellen, dass dieser Jemand daran arbeiten muss, der Stille näher zu kommen. Dann machst du alle möglichen Übungen. Doch der, der die Übungen macht, ist das einzige Problem. Finde für dich selbst heraus, was du meinst, wenn du sagst »ich«? Finde es heraus. Gerade jetzt, was ist dieses Ich, das denkt?

F: Einfach Stille. Doch morgen werde ich die Stille vielleicht wieder verlieren.

E: Ja, natürlich. Weil du wieder die Geschichte aufgreifen wirst von: »Ich bin Bernd ...« Das ist der Wahnsinn, an die Geschichte eines *Ichs* zu glauben. Du tust so, als hätte dieses *Ich* Kontinuität. Doch jede Nacht, wenn du zu Bett gehst, verschwindet es. Wenn du nicht schlafen gehen und das *Ich* fallen lassen würdest, würdest du verrückt werden. Greif es nicht wieder auf, wenn du aufwachst.

F: Das würde dann bedeuten, nie wieder aufzuwachen?

E: Es bedeutet, nie wieder einzuschlafen! Einschlafen ist nur die Vorstellung, dass *ich* ein *Jemand* bin. Aber selbst während du dir das einbildest, kennst du die Wahrheit auf einer tieferen Ebene. Du musst es wissen, denn du bist schon Bewusstsein. Also kannst du es nicht einmal wirklich Schlaf nennen. Es ist eher Tagträumen. Wohin gehst du, wenn der Körper schläft und *du* nicht da bist? Wenn keine Träume da sind, was ist dann? Es gibt jede Nacht eine Phase, in der es keine Träume gibt, kein *Ich*, keine Pläne, keine Wünsche. Aber immer noch Bewusstsein. Das *Ich* kommt und geht. *Du* kommst und gehst nicht. Wenn du dich identifizierst mit dem, was kommt und geht, dann leidest du. Wenn du dich mit der Wahrheit identifizierst, dann bist du glücklich. Sehr einfach.

F: Was machen wir dann, wenn wir alle in die Stille gehen?

E: Sag du es mir. Geh in die Stille und berichte es mir. Gib die Vorstellung von einem *Ich* auf, das etwas braucht, das etwas weiß, das etwas tut. Lass sie fallen.

F: Mir fällt es so schwer, still zu sein und nicht zu reden. Es ist fast unerträglich.

E: So viele Menschen verschwenden ihr Leben mit Schwatzen. Wenn du die ganze Zeit mit dir redest und hier und da kleine Unterhaltungen hast, dann brauchst du nicht zu bemerken, was los ist. Wenn du die ganze Zeit sprichst, nimmst du deine Lebenskraft, dein Chi (fernöstlicher Begriff für Lebensenergie), und spuckst es aus. Wenn die Menschen erwachen, hört der ganze Small Talk auf. Plötzlich ist diese ganze Energie verfügbar. Das erscheint oft unerträglich. Komm zum Frieden. Der Verstand sinkt in die Tiefe, um von der Liebe absorbiert zu werden. Er verlässt sein kleines, sicheres, schwatzendes Flugzeug da oben, um hinabzutauchen. Es ist sehr nützlich, einen gut funktionierenden Verstand zu haben, eine scharfe Intelligenz, die nicht durch all dein Geschwätz abgestumpft ist. Diese kristallklare Intelligenz ist Liebe. Die Stimme des Herzens spricht in Stille. Wenn du auf irgendeine Stimme hörst, die nicht aus der Stille heraus spricht, ist sie es nicht.

Unruhe, Stress und Exzessivität ist Lärm, der dich davon abhält, die Stimme deines Herzens zu hören.

⌘

F: Ich habe schon oft in Gruppen tiefe Erfahrungen von Liebe gemacht. In diesen Momenten dachte ich: »Das bin ich. Ja, so bin ich.« Doch dann habe ich es wieder verloren.

E: Dieser Gedanke an sich ist der Verlust. Du hast sofort versucht, die Erfahrung zu deinem Eigentum zu machen. Hör auf, dich mit Erfahrungen zu identifizieren. Das ICH kann sich selbst nie sehen, nur seine Reflexion. Wer DU bist, kann nicht erfasst werden. Schließlich gibt sich der Verstand hin und fällt in die Stille. Dann verbrennt er in seinen eigenen Versuchungen und Verlangen.

⌘

F: Ich bin im täglichen Leben oft sehr beschäftigt und habe viel Stress. Dann kann ich die Stille nicht mehr fühlen.

E: Solange es da ein »Ich« gibt, das sehr beschäftigt ist im täglichen Leben, hast du dich schon vor dem Stress von der Stille getrennt. Der Stress ist nur ein Nebenprodukt. Ein Nebenprodukt von »mir«, der etwas tut. Durch das »Ich«, das etwas tut, hast du dich schon von der Stille abgewandt. Was ist, wenn du die Vorstellung von »dir« fallen lässt und die Vorstellung, in der Welt zu sein? Was ist, wenn es kein »Ich« und keine Welt gibt?

F: Aber ist es nicht hilfreich, in Satsang zu sein, zu meditieren und heilige Bücher zu lesen?

E: Ich habe dir gerade das Geheimnis verraten, wie du Satsang nie verlässt. Ja, verlasse Satsang nie. Lass die Vorstellung eines »Ichs«, das in der Welt ist, fallen. Denn wenn du glaubst, dass das »Ich« wirklich ist, dann ist auch die Welt wirklich. Und dann ist Stille etwas, das du da hineintragen willst, damit es dir gegen deinen Stress hilft. So funktioniert es nicht. Die Stille wird so nur ein weiteres Objekt von dir. Dann ist es nicht die Stille, von der ich spreche. Du erscheinst als ein Miniaturobjekt in der Stille. Miniatur ist noch zu groß. Bedenke, wie groß der Ozean ist. Und schau, wie klein ein Tropfen im Ozean ist. Tatsächlich ist dieses »Ich« noch viel, viel, viel kleiner als ein Tropfen. Und dann sagt dieser winzige Bruchteil eines Tröpfchens: »*Ich* bin so bedeutend. Und das ist *meine* Welt. Und *ich* muss so viel tun und *ich* habe so viel Stress. Jetzt werde *ich mir* die Stille nehmen, damit es *mir* besser geht.« Wenn das »Ich« verschwindet, verschwindet die Welt, dann leuchtet die Wahrheit. Die Wahrheit dessen, wer du bist. Unbeweglich. Wenn das »Ich« dann wieder erscheint und wenn die Welt wieder erscheint, dann nur als ein Tröpfchen in dir, im Ozean. Es kommt und es geht.

F: Wie kann ich dahin kommen?

E: Es muss wichtiger sein als »Ich« und die Welt. So einfach. Was auch immer du nicht bereit bist aufzugeben in »mir und der Welt«, ist der Eintrittspreis, den du zu zahlen hast. Der Stolz auf Erfolg, das Prestige von »mir, der etwas in der Welt tut«, ökonomisch, sexuell, wie auch immer. Auch wenn du den Eintrittspreis nicht bezahlst, erhältst du durch Gnade vielleicht immer wieder den Geschmack davon. Aber der Geschmack geht vorbei. Der Geschmack von Wahrheit und Frieden kommt und geht. Und du fragst dich: »Wie kann ich mehr davon haben?« Schließlich willst du *Das* mehr als »mein« Leben. Dann ist es sehr leicht.

Die Gnade prüft dich immer wieder, genau wie die Welt dich immer wieder versucht. Die Gnade gibt dir den Geschmack von tiefem Frieden und Samadhi. Und dann gibt dir die Welt etwas »Besseres«, nur um sicherzustellen, dass du angebunden bleibst. Es ist deine Entscheidung. Die einzige, die du je triffst im Leben.

Über den Autor

Eli Jaxon-Bear wurde 1947 in New York geboren. Er suchte bereits in den sechziger Jahren Antwort auf die Frage: Wie können das offenkundige Leiden und die vielen emotionalen Konflikte des Menschen beendet werden? In den sechziger und siebziger Jahren wegen seiner politischen Arbeit vom FBI verfolgt, wandte er sich auf seiner Suche zunehmend dem Inneren zu. Sein Weg führte ihn in Zen-Klöster und zu Hindu-Gurus; er war Leiter eines tibetisch-buddhistischen Zentrums im Norden von San Francisco; er wurde in schamanistische Praktiken eingeweiht und von einem Sufi-Clan in Marokko adoptiert. Er entwickelte das Zen-Shiatsu, wurde Hypnosetherapeut und unterrichtete NLP. Seit Jahrzehnten beschäftigt er sich intensiv mit der spirituellen Psychologie des Enneagramms und zählt auf diesem Gebiet zu den namhaftesten Experten der Welt.

Doch erst als er 1990 Shri Poonjaji, einem erleuchteten Zen-Meister und Schüler von Ramana Maharshi begegnete, war Eli Jaxon-Bear am Ziel. Shri Poonjaji, von seinen Schülern liebevoll Papaji genannt, wurde sein letzter Lehrer und bei ihm erfuhr Eli die Selbst-Verwirklichung. Papaji instruierte ihn, in die Welt zurückzukehren, um die Erkenntnis eines stillen Geistes in die Welt der Therapie zu tragen: »Lass beide, den Klienten und den Therapeuten erwachen!« Seitdem ist Eli als spiritueller Lehrer in vielen Ländern der Welt tätig. Das Geschenk seines Wirkens ist eine unbestechlich klare Synthese von westlicher Psychologie, der Übertragung von Liebe und der Erfahrung von Nicht-Dualität. Als Leiter der Leela

Foundation leitet Eli Trainings für Wahrheitssuchende und Therapeuten in der ganzen Welt. Er ist Autor des Buches: »Die neun Zahlen des Lebens«, erschienen bei Knaur, und Herausgeber des Buches:
»Wach auf, Du bist frei« – Satsang mit H. W. L. Poonja.

Die Seminare von Eli Jaxon-Bear in Europa werden von TERRA
LIBRA koordiniert. Unter folgender Adresse können Sie weitere
Informationen zu Eli Jaxon-Bear, den aktuellen Seminaren sowie
umfangreiches Audio- und Video-Material beziehen:

TERRA LIBRA
Seminars for Inner and Global Peace
Kollwitzstr. 53, 10405 Berlin
Fon 0 30/4 42 26 49, Fax 0 30/44 05 00 56
Email: terralibra@aol.com
Web: www.terralibra.de

Wach auf, Du bist frei

Videos und Audiokassetten
mit Gangaji & Eli Jaxon-Bear

VIDEOS
* Satsangs
* Vorträge

AUDIOKASSETTEN
* Satsangs
* Interviews
* Die Enneagrammserie:
  "Die neun Gesichter Gottes"

Von Ramesh S. Balsekar sind erschienen:

Im Verlag Alf Lüchow:

Die Lehre erleben
Erleuchtende Gespräche
Erleuchtende Briefe
Die Eine Wahrheit

Video
Gespräche in Kovalam/Südindien
(8 Videos mit je ca. 3 Std. Laufzeit)

Im Context-Verlag:

Duett der Einheit
Die Bhagavad Gita

Weitere Advaita-Titel bei Lüchow:

Avadhuta Gita
Gangaji: DU BIST DAS, Band I und II
Jean Klein: *Dein Wahres Ich*
Shirish S. Murthy: *Vom Bewußtsein getroffen*
OM C. Parkin: *Die Geburt des Löwen*
Wei Wu Wei: *Die einfache Erkenntnis*
Wei Wu Wei: *Das Offenbare Geheimnis*